dianer erfolgte und von Beginn an durch Übervorteilung, massenhafte Vertreibung und Vernichtung der einheimischen Bevölkerung gekennzeichnet war, wird gern verschwiegen oder bestenfalls am Rande erwähnt. An einer kritischen Auseinandersetzung mit der verbrecherischen Landraubpolitik waren die vergangenen Regierungen und ist die jetzige Administration in Washington nicht interessiert.

Wie sollten jene, die sich heute international als Sachwalter der Menschenrechte aufspielen und sich dabei gern auf eine nationalistisch glorifizierte Vergangenheit berufen, auch aufrichtig aus dem brutalen, menschenverachtenden Handeln ihrer Vorväter Erkenntnisse und Lehren ziehen wollen, wenn sie die bis in die Gegenwart andauernde Politik der Ausrottung und des Landraubes gegenüber der Urbevölkerung im eigenen Land nicht bewältigt haben? Ungeachtet der in großer Zahl vorliegenden mehr oder weniger wissenschaftlichen Abhandlungen, belletristischen Werke und Filme, in denen der indianische Freiheitskampf gegen eine sich entwickelnde kapitalistische Staatsmacht teilweise in unrealistische, kitschige und klischeehafte Vorstellungen gezwängt oder abwertend dargestellt wird, sprechen die nackten Tatsachen jedoch für sich.

Versuchen wir, diese Tatsachen in einem knappen Abriß anhand der überlieferten Vorgänge aus der Geschichte der nordamerikanischen Prärieindianer zu vergegenwärtigen. Verfolgen wir die Ereignisse im letzten Drittel des vorigen Jahrhunderts, als der Abwehr- und Überlebenskampf der Prärieindianer mit den angeblichen Trägern von Fortschritt, Kultur und Humanität in sein entscheidendes Stadium trat.

Die Expansion in Richtung Westen

Als im Jahre 1776 die Vereinigten Staaten von Amerika gegründet wurden, war die einheimische indianische Bevölkerung bereits bis an die Allegheny Mountains heran verdrängt oder ausgerottet worden. Die Indianer mußten weiterhin, trotz oftmals heftiger Gegenwehr, vor den unaufhaltsam in Richtung Westen vordringenden Weißen immer mehr zurückweichen. In den Augen der sich nach der Unabhängigkeit dynamisch entwickelnden und an einer weiteren territorialen Ausdehnung des Staatsgebietes interessierten nordamerikanischen Bourgeoisie stellten die zumeist noch in gentilgesellschaftlichen Verhältnissen lebenden Ureinwohner des Landes ein ernstes Hindernis dar. Auch die in den Südstaaten der USA ansässigen Sklavenhalter sahen die rechtmäßigen Landbesitzer eben-

Um 1840 überquerte die erste Lokomotive die Allegheny Mountains

Sklaven arbeiten auf einer Plantage in den Südstaaten

falls als ein Hemmnis bei der Ausbreitung ihrer auf der Ausbeutung von Negern beruhenden Produktionsweise an.

Die verschiedenen, häufig zerstrittenen und verfeindeten indianischen Stämme hatten es mit Gegnern zu tun, die mit allen zur Verfügung stehenden Mitteln ihrer entwickelteren Gesellschaftsordnung ihren Anspruch auf die westlichen Gebiete des Kontinents, wo zu jener Zeit noch freie Indianerstämme anzutreffen waren, durchzusetzen versuchten. Die nach der errungenen Unabhängigkeit sowohl von der kapitalistisch wirtschaftenden Bourgeoisie des Nordens als auch von den sklavenhaltenden Plantagenbesitzern des Südens forcierte territoriale Expansion erstreckte sich seit der ersten Hälfte des 19. Jh. auf ein Terrain, das von der Westseite der Allegheny Mountains bis zum Stillen Ozean reichte. Außerdem erweiterte die USA-Regierung ihr Staatsgebiet durch den Erwerb riesiger Ländereien von den auf dem Kontinent präsenten europäischen Mächten sowie durch den Raub solcher Gebiete, die schwächere Nachbarn beanspruchten. So vergrößerte sich das Territorium der USA zwischen 1790 und 1860 um mehr als das Dreifache.

Als Wegbereiter und Träger der Eroberung des Westens dienten den Herrschenden die tatendurstigen, gegen die Urbevölkerung mit brutaler Gewalt vorgehenden ärmeren Bevölkerungsmassen. Unaufhaltsam zogen die zum großen Teil aus Europa ins „Land der unbegrenzten Möglichkeiten" eingewanderten Siedler in langen Trecks in Richtung Westen, um sich dort auf Kosten der Indianer eine Existenzgrundlage zu schaffen. Auf diese Weise wurde die „frontier", die Indianergrenze, immer weiter nach Westen verschoben. Auf dieser historischen Tatsache fußend, wurde dann im 19. Jh. mit dem „Manifest Destiny" jene Doktrin verkündet, der zufolge Gott die Vereinigten Staaten zur Führungsmacht über Amerika, und wie es später hieß, der ganzen Welt, auserkoren habe.

Ausgewählte Daten zur Geschichte der USA bis zum Bürgerkrieg

4. 7. 1776	Annahme der Unabhängigkeitserklärung
20. 5. 1785	Die Land Ordinance des Kongresses regelt Verkauf und Besiedlung der neuen Ländereien im Westen
13. 7. 1787	Die Northwest Ordinance regelt die Selbstverwaltung der neubesiedelten Gebiete, die in die Union aufgenommen werden, sobald die Zahl von 60000 Einwohnern erreicht ist
17. 9. 1787	Die Verfassung der USA wird verabschiedet
1795	Im Vertrag von Greenville erwerben die USA von den Indianern zwei Drittel des heutigen Bundesstaates Ohio
7. 11. 1811	Niederlage der nördlichen Indianerstämme in der Schlacht am Tippecanoe
1812–1814	Britisch-Amerikanischer Krieg
5. 10. 1813	Tod des Shawnee-Häuptlings Tecumseh in der Schlacht am Thames River
1813–1814	Aufstände der Creek im heutigen Alabama
1817–1818	Krieg mit den Seminolen in Florida
3. 3. 1820	Im Missouri-Kompromiß wird die Sklaverei in den Nordstaaten verboten und in den Südstaaten zugelassen
1823	Feldzug gegen die Arikara
16. 10. 1825	Durch die Eröffnung des Eriekanals macht die Erschließung des inneren Marktes große Fortschritte
28. 5. 1830	Removal Act (Umsiedlungsgesetz) verabschiedet
1832	Aufstand der Sauk unter Black Hawk
1835–1842	Widerstandskampf der Seminolen, der bis 1838 von Osceola geführt wird
1837	Aufstand der Osage
1838	„Zug der Tränen"
1844	Erste Telegraphenlinie zwischen Washington und Baltimore
1846	Mexikanisch-US-amerikanischer Krieg
15. 6. 1846	Im Oregon-Vertrag mit England setzen die USA ihren Anspruch auf Oregon durch
1848	Goldfunde in Kalifornien
1851–1853	Kämpfe gegen die Ute
1856	Erste militärische Auseinandersetzungen mit den Cheyenne
1858–1859	„Strafexpedition" gegen die Wichita
1860	Abraham Lincoln wird Präsident
14. 4. 1861	Beginn des Bürgerkrieges

Indianer

Als der in spanischen Diensten stehende italienische Seefahrer Christoph Kolumbus versuchte, auf dem westlichen Seewege Indien zu erreichen, landete er am 12. Oktober 1492 auf einer in der Karibik gelegenen Insel. In der Annahme, er habe sein Ziel erreicht, bezeichnete er die dort lebende einheimische Bevölkerung als „Indios". Dieser Begriff wurde dann auch für die das Festland bewohnenden Menschen gebräuchlich. Aus dem Wort „Indios" entstand im Deutschen „Indianer".

DIE USA ZU BEGINN DER 60ER JAHRE DES 19. JAHRHUNDERTS

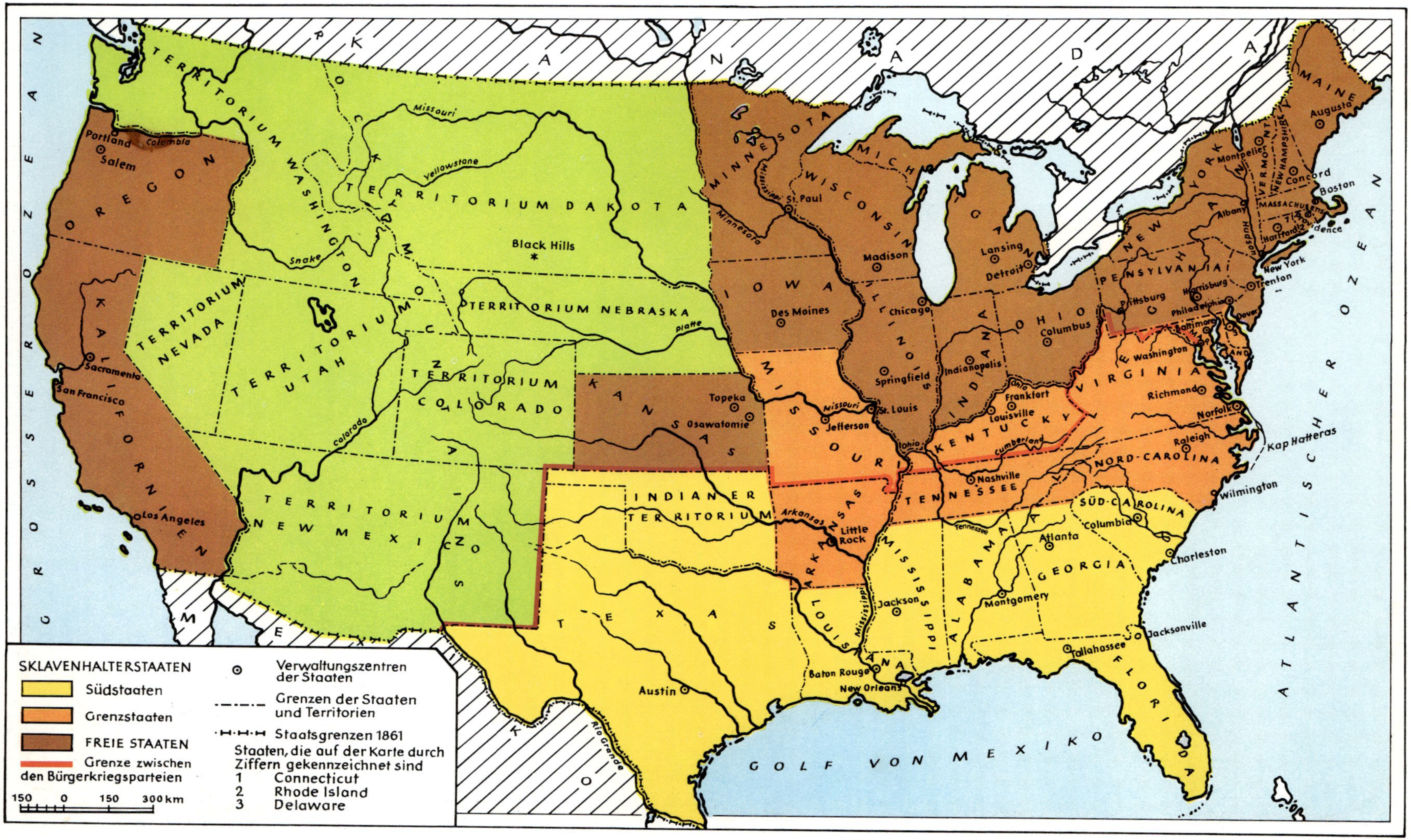

Der Geist des Fortschritts; so sahen die Amerikaner ihre „Sendungsmission“

frontier

Das Wort stammt aus dem Englischen und bedeutet wörtlich übersetzt „Grenze“. Bis etwa 1880 wurde damit in Nordamerika jedoch keine feste Grenze bezeichnet, sondern jene im Durchschnitt jährlich um 32 km stetig weiter nach Westen vorrückende äußerste Besiedlungsgrenze der Amerikaner, die dann verschwand, als die Besiedlung den Ostrand der Rocky Mountains erreichte.

Der Zug der Tränen

Östlich des Mississippi stellte die indianische Bevölkerung schon seit der ersten Hälfte des 19. Jh. kein ernstes Hindernis mehr für die Pläne der beiden herrschenden Kräftegruppierungen in den USA dar. Den Vereinigten Staaten gehörte ein Territorium, das von der Ostküste bis zum „Vater der Ströme“, von den großen Seen bis zur Golfküste reichte.

Endgültig wurde von der USA-Regierung über das Schicksal der östlich des Mississippi lebenden Indianer zu Beginn des Jahres 1830 entschieden, als sie im Kongreß das Removal Act (Umsiedlergesetz) einbrachte, welches am 28. Mai verabschiedet wurde. Der Initiator des Gesetzes war der als Indianerhasser bekannte damalige Präsident Andrew Jackson. Er vertrat die zynische Auffassung, daß die Indianer zwar leben und gedeihen sollten, wo und wie sie es wollen, nur müßten sie es jenseits des Mississippi tun. Dort befand sich das sogenannte Indianerterritorium, wohin die noch verbliebenen Teile der Urbevölkerung von der Ostseite des Mississippi auf derart brutale Weise deportiert wurden, daß viele von ihnen während der Transporte umkamen. So starben z. B. von 14000 vertriebenen Cherokee – einem friedliebenden, Viehzucht und Ackerbau betreibenden Stamm, der sogar schon über ein eigenes Alphabet verfügte und Zeitungen herausgab – auf dem langen Marsch mehr als 4000 Menschen vor Erschöpfung. Auf der Grundlage des Removal Act wurden ebenfalls die Creek, Shawnee, Ottawa, Sauk, Fox und andere Stämme in das Indianerterritorium verschleppt. Insgesamt mußten sich dort 28 vertriebene Stämme eine neue Existenz schaffen. Zwangsläufig gerieten sie mit den hier schon seit

Andrew Jackson, der 7. Präsident der USA

Ein Siedlertreck durchquert die Prärie; zeitgenössische Pressezeichnung

Eine Siedlerfamilie vor ihrem Haus

Generationen lebenden Stämmen in Konflikt. Das führte verschiedentlich sogar zu heftigen Kämpfen um die nun knapp bemessenen Jagdgründe. Die viele Menschenleben kostende brutale Zwangsumsiedlung erhielt von den Indianern die Bezeichnung „Zug der Tränen".

Der größte Strom Nordamerikas bildete eine gewisse Zeit ein natürliches Hindernis für die weiße Siedlerwelle. Bis 1840 existierten nur sehr wenige weiße Siedlungen an seinem Westufer und im Bundesstaat Missouri. Lediglich Fallensteller, Pelzhändler und Jäger wagten sich tiefer ins Indianerland.

Die natürliche Grenze hielt indes nur über einen kurzen Zeitraum die so gepriesenen „Pioniere", oft auch als „squaters" bezeichnet, auf, die von der Regierung zu jener Zeit durch gesetzlich fixierte Vergünstigungen beim Landerwerb unterstützt wurden. In den 40er Jahren des 19. Jh. richtete sich die Aufmerksamkeit der herrschenden Kreise der USA zunehmend auf die westlich des Mississippi gelegene Region. Schon zu Beginn der 40er Jahre erreichte der westwärts ziehende Auswandererstrom einen neuen Höhepunkt. Mit dem massenhaften Vordringen der Kolonisten in die Prärie entstanden auch Straßen und Wege, die die Bezeichnung Trails erhielten. Die durch das von den Indianern beanspruchte Gebiet führenden Verbindungswege wurden im Laufe der Zeit ausgebaut und vom Militär befestigt.

In nicht enden wollenden Trecks drangen die Siedler nun in die Prärie ein. Sie gründeten die Territorien Iowa und Wisconsin, die 1846 bzw. 1848 zu Bundesstaaten der USA wurden. Die Washingtoner Regierung nahm das zum Anlaß, die den Indianern auf „ewige Zeiten" zugesicherte Grenze vom Mississippi zum 95. Meridian zu verschieben.

Territorium

Wenn die Besiedlung einer bestimmten Region auf dem Gebiet der heutigen USA eine entsprechende Größenordnung erreicht hatte, wurde die betreffende Region von der Regierung in Washington offiziell als Territorium anerkannt. Dies war eine Vorstufe zur Anerkennung als selbständiger Bundesstaat. Ein Bundesstaat verfügte über eine eigene Verwaltung und ein Parlament, während in den Territorien Verwaltung und Gesetzgebung von der Zentralregierung ausgingen.

Indianerterritorium

Im Jahre 1837 festgelegtes Gebiet, welches ursprünglich die späteren Bundesstaaten Oklahoma, Kansas, Nebraska, Nord- und Süd-Dakota umfaßte. Es unterstand dem Kriegsministerium und wurde den aus dem Osten der USA vertriebenen Indianern „auf ewige Zeit" als Wohnstatt zugewiesen. Bis 1889 wurde es wiederholt verkleinert und schließlich 1907 dem Bundesstaat Oklahoma angegliedert.

Prärie

Die nordamerikanische Prärie umfaßt ein etwa 4 Mill. Quadratkilometer großes baumarmes Terrain, das von den kanadischen Provinzen Alberta, Saskatchewan und Manitoba bis zum Golf von Mexiko reicht. Sie wird im Westen durch die Rocky Mountains und im Osten durch den Mississippi und die Seenplatte begrenzt. Charakteristisch sind zwei Landschaftsarten: die in den Abhängen der Rocky Mountains beginnenden, hochgelegenen Plains sowie das sich östlich anschließende Gebiet des langen Grases, die eigentliche Prärie.

Die Herren der Prärie

Die in der Prärie lebenden Indianerstämme waren auf Büffeljagd spezialisiert. Viele von ihnen waren erst auf der Flucht vor den immer weiter vordringenden Weißen an den Rand, ja bis in die zentralen Gebiete des schier unendlichen Graslandes gekommen. In Konkurrenz mit den hier bereits siedelnden Stämmen mußten sie sich eine neue Lebensgrundlage schaffen. So wurde der Kampf zu einem wichtigen Element ihres Daseins; kriegerisches Können, Mut und Tapferkeit zählten zu den hervorragendsten Charaktereigenschaften.

Bis zum Beginn des 19. Jh. vollzog sich bei den in den Präriegebieten Ansässigen ein komplizierter Prozeß der Neugruppierung und Reorganisation, aus dem schließlich die bekannten Stämme der Prärieindianer hervorgingen. Diese Entwicklung wurde maßgeblich dadurch beeinflußt, daß um 1700 die in der Prärie beheimateten Büffel zu gewaltigen Herden anwuchsen. Das veranlaßte einige bislang Bodenbau betreibende Stämme zum Verlassen ihrer Dörfer. Sie wurden zu Büffeljägern, die über die höhergelegenen westlichen Plains wanderten, während die in der östlichen Prärie lebenden Bodenbauer in dem etwas niedriger gelegenen Land seßhaft blieben und den Bodenbau mit der Büffeljagd kombinierten. Als sich das von den Spaniern nach Amerika eingeführte Pferd im gesamten Präriegebiet rasch verbreitete und es die Indianer verstanden, das ihnen bislang völlig unbekannte Tier zu züchten und für die Jagd zu nutzen, entstand das Prärieindianertum. Seine Herausbildung setzte um 1750 ein; um die Mitte des 19. Jh. erreichte es seine volle Blüte.

Zu den seßhaften Präriestämmen, sie wohnten in festen Dörfern und bauten Pflanzen an, gehörten u. a. Arikara, Hidatsa, Iowa, Kansas, Mandan, Pawnee, Ponca und Santee-Dakota. In der westlichen Prärie, an den Ausläufern der Rocky Mountains, waren die Bannock,

Zeltlager der Prärieindianer; Gemälde von G. Catlin

Die Siedlungsgebiete der indianischen Stämme westlich des Mississippi in der ersten Hälfte des 19. Jahrhunderts

Nez Percé, Shoshone und Ute beheimatet, die schon immer von der Jagd gelebt hatten. Zu den südlichen Präriestämmen gehörten Arapaho, Cheyenne, Comanchen und Kiowa. In der nördlichen Prärie, wo die in diesem Heft geschilderten Ereignisse stattfanden, lebten die Assiniboin, Blackfeet, Crow, Gros Ventre, Cree, Sarsi und Teton-Dakota.

Als wichtigste Jagd- und Kriegswaffe benutzten die Prärieindianer Pfeil und Bogen. Weitere Kriegswaffen waren Speere, Schilde und Holzkeulen. Steinkeulen mit biegsamen Holzstielen, die später häufig durch Eisenbeile, die Tomahawks, ersetzt wurden, gehörten zur Ausrüstung eines jeden Kriegers. Schon bald nach den ersten Kontakten mit Händlern, Jägern und Siedlern fand auch das Gewehr schnelle Verbreitung.

Die Zubereitung der Beute und die Verarbeitung der Häute und Felle war Angelegenheit der Frauen. Als charakteristische Behausungsform der Prärieindianer galt das Tipi, ein kegelförmiges Stangenzelt. Einige Feldbau betreibende Stämme, wie Mandan und Pawnee, lebten fast das ganze Jahr über in festen Erdhütten. Nur zu Jagd- und Kriegszeiten benutzten sie das Tipi. Auf Wanderzügen wurde der gesamte Hausrat mit Travois, von Pferden gezogenen Stangenschleifen, transportiert. Vor

der Einführung des Pferdes zogen Hunde die Travois.
Jeder Präriestamm untergliederte sich in eine mehr oder weniger große Zahl von Bands (Gruppen). Lediglich zu besonderen Anlässen, wie der Büffeljagd, fand sich der ganze Stamm zu einem Lagerkreis zusammen. Bei den Dakota existierten als weitere Untergliederung außerdem politisch selbständige Abteilungen. Deren Häuptlinge, ebenso wie die der Bands, besaßen während der Büffeljagden oder eines Kriegszuges große Autorität; indes waren sie von den Beschlüssen des aus den Anführern der Bands gebildeten Rats der Häuptlinge abhängig.
Adlerfederhauben waren Ehrenzeichen für Häuptlinge und ausge-

Prärieindianer

Die zwischen Mississippi und Rocky Mountains lebenden Ureinwohner werden unter dem Begriff Prärieindianer zusammengefaßt. Ursprünglich zählten dazu nur die seßhaften Feldbauern der Hochgrasfluren, während die nomadisierenden Indianer der niederschlagsarmen Plains als Plainindianer bezeichnet wurden. Da jedoch häufig Mischformen auftraten, d. h. verschiedene Stämme für einen Teil des Jahres seßhaft waren und zu anderen Zeiten den Büffelherden folgten, lassen sich beide Formen nicht mehr klar voneinander trennen.
Weil auch der Stand der sozialökonomischen Entwicklung der in dieser Region wohnenden Indianer relativ einheitlich war, wird häufig der verallgemeinernde Begriff Prärieindianer verwendet.

Verwendungsmöglichkeiten des Büffels

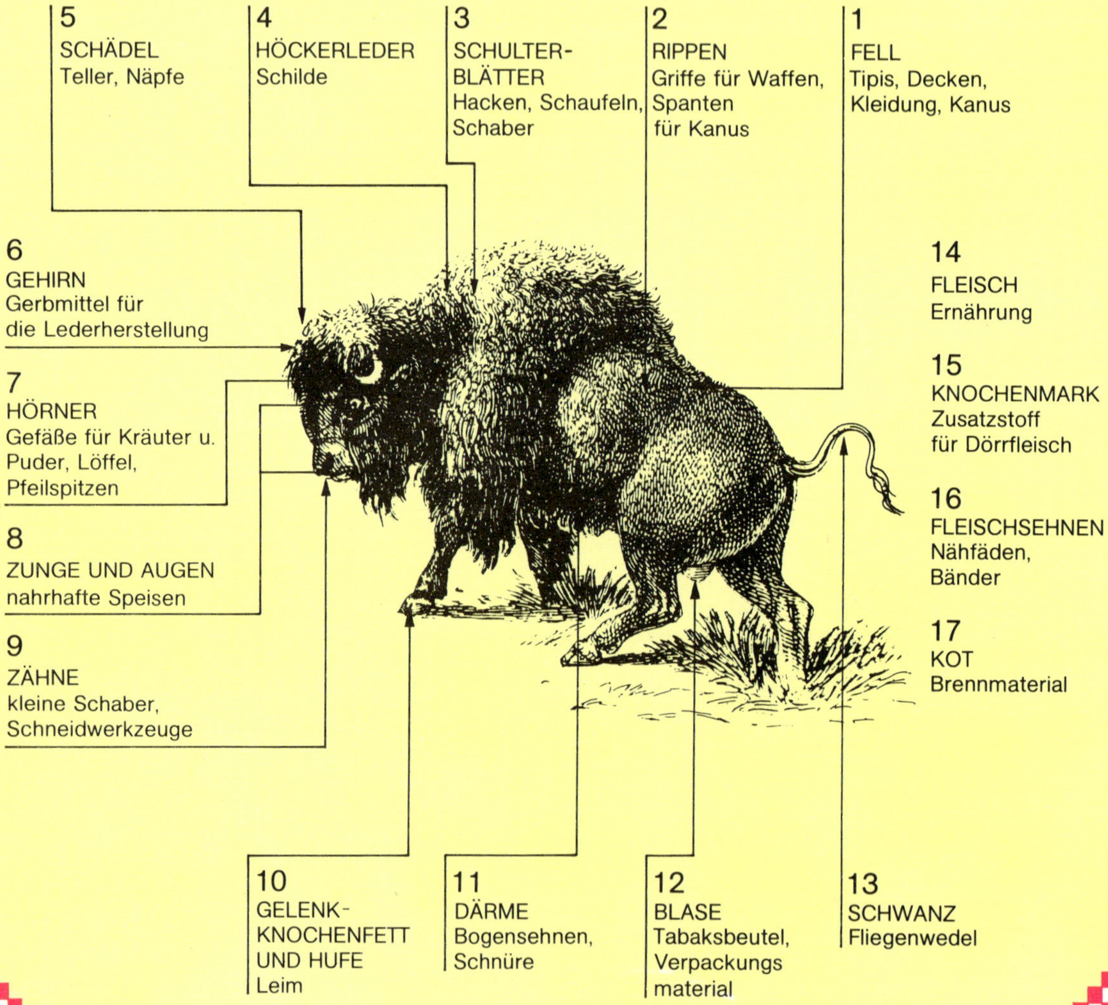

Angriff der Indianer; Gemälde von C. M. Russel

Bärenjagd; Gemälde von G. Catlin

zeichnete Krieger; sie gehörten zur Festtracht.
Typisch für die Prärieindianer war das Vorhandensein mehrerer Kriegergesellschaften innerhalb eines Stammes. Um in eine der Gesellschaften aufgenommen zu werden, mußte der Bewerber neben der Leistung bestimmter Abgaben auf besondere Kriegstaten, auf Geschicklichkeit oder Mut verweisen können. Hiervon wie von seinem Besitz an Pferden war die Stellung des einzelnen in der Gesellschaft abhängig. Somit führte der Besitz von Pferden bereits zur Herausbildung sozialer Unterschiede. Doch war bei den Prärieindianern Privatbesitz an Grund und Boden noch völlig unbekannt.
Die religiösen Vorstellungen der Prärieindianer waren bei den einzelnen Stämmen unterschiedlich. Gemeinsamkeiten bestanden u. a. in der Verehrung von Tieren und Pflanzen, aber auch von Steinen, der Erde und Himmelskörpern sowie in der Abhaltung des Sonnentanzes. Die Medizinmänner besaßen großen Einfluß.

Dakota

Die in der Prärie lebenden Dakota werden oftmals als Sioux bezeichnet, obgleich zur siouanischen Sprachfamilie noch andere Stämme gehören. Die Dakota sind in 7 Stammesabteilungen gegliedert: die aus vier Stammesgruppen bestehenden Santee (Wahpeton, Wahpekute, Sisseton, Mdewakanton) sowie die Yankton, Yanktonai und Teton. Die Teton bestehen aus sieben Untergruppen: den Oglala, Hunkpapa, Brulé, Minnekonjou, Sihasapa, Two Kettle und Sans Arcs.

Sioux

Die Sioux sind eine der größten Sprachfamilien der Indianer Nordamerikas. Sioux ist eine französische Abwandlung des Objibwa-Wortes Nadowesiweg. Die Objibwa bezeichneten damit die ihnen feindlichen Dakota. Die ursprüngliche Wortbedeutung ist „kleine Schlangen“. Die Franzosen veränderten das Wort zu Nadouessioux und reduzierten es schließlich auf die Endsilbe sioux (gesprochen: Ssu).

Der Kampf beginnt

Trotz des bereits frühzeitig einsetzenden vereinzelten Vordringens von Jägern, Fallenstellern, Händlern und Forschungsreisenden in die Prärie gab es anfangs keine bedrohlichen Auseinandersetzungen zwischen der einheimischen Bevölkerung und den Vorboten der Kolonialisten. Zum ersten blutig endenden Konflikt zwischen Indianern und Soldaten kam es erst im Juni 1823. Er hatte zwar nur lokale Bedeutung, leitete jedoch die mehr als ein halbes Jahrhundert andauernden erbitterten Kämpfe um die Prärie ein.

Im Jahr 1848 wurde in Kalifornien Gold entdeckt. Trugen die Goldfunde einerseits in erheblichem Maße zur kapitalistischen Industrialisierung der USA bei, so beschleunigten sie andererseits die Unterjochung der Prärieindianer, denn nun zogen durch die südliche Prärie nicht nur die Siedler, sondern auch unzählige vom Goldfieber gepackte Abenteurer. So erhöhte sich in Kalifornien die Bevölkerungszahl derart rasch, daß dieses Territorium bereits zwei Jahre nach den ersten Goldfunden als 31. Bundesstaat in die Vereinigten Staaten aufgenommen wurde. Bis zur Mitte der 60er Jahre folgten weitere fünf Bundesstaaten, darunter 1858 Minnesota und 1861 Kansas, die ursprünglich zur Heimat der Prärieindianer gehört hatten.

Die Prärieindianer verhielten sich gegenüber den Eindringlingen in der Regel friedlich und gingen einer Konfrontation soweit wie möglich aus dem Wege. Das belegt sogar ein Bericht des Innenministers der USA aus dem Jahr 1849: „Die wilden Indianerstämme, deren Jagdgründe in der großen Prärie liegen, durch die unsere Emigranten nach Kalifornien ziehen, haben sich im vergangenen Jahr außergewöhnlich friedlich verhalten. Dabei haben sie zugelassen, daß unsere Leute fast ohne Unterbruch durch ihr Land zogen, obschon sie in Massen reisten und beträchtliche Mengen an Wild und Weidegras für sich beanspruchten."

Im Jahr 1851 entsandte die Washingtoner Regierung eine Delegation zu den Prärieindianern, die mit ihnen einen Vertrag abschließen sollte, um, wie es offiziell hieß, den Frieden zwischen Missouri und Rocky Mountains herbeizuführen und zu sichern. Der Regierung lag nämlich zu jenem Zeitpunkt noch nichts an einer entscheidenden Konfrontation mit den Reiterstämmen der Prärie. Zum einen befürchteten die beiden Kräftegruppierungen in den USA, daß die jeweils andere dort nach der Unterjochung der Ureinwohner ihre Herrschaft errichten könnte, und zum anderen waren die Weißen noch davon

In Kalifornien wird Gold gefunden; zeitgenössische Zeichnung

Prärieindianer zu Pferd

Abenteurer durchqueren die Prärie

Friedensverhandlung zwischen Indianern und Vertretern der Regierung; zeitgenössische Pressezeichnung

überzeugt, daß der Prärieboden für die landwirtschaftliche Nutzung ungeeignet sei. Deshalb durchquerten die meisten Siedler die Prärie nur, um hinter den Rocky Mountains Grund und Boden zu erwerben. Die Regierung wollte sie dabei durch den Abschluß eines Vertrages unterstützen, den Vertreter der Dakota, Assiniboin, Cheyenne, Crow, Gros Ventres, Shoshone und anderer Stämme unterzeichneten. In dem Abkommen gestatteten die Indianer den Weißen, gegen eine festgelegte Entschädigungssumme ihr Stammesterritorium zu durchqueren und an den Trails einige Militärstützpunkte zu errichten. Als Gegenleistung sollten sie Lebensmittel, Werkzeuge, Waffen und landwirtschaftliche Geräte erhalten. Beide Seiten gelobten, „in allen Beziehungen Redlichkeit und Freundschaft zu bewahren, um zu einem nutzbringenden und dauerhaften Frieden zu gelangen". Unter der Sicherung des Friedens verstanden die Regierungsbeamten vor allem die Zuteilung bestimmter Wohn- und Jagdgebiete an die beteiligten Stämme. Damit wollte man bessere Voraussetzungen für deren spätere Unterjochung schaffen.
Es war von den Indianern ein großes Zugeständnis, daß sie einer vertraglichen Begrenzung ihrer Jagdgründe zustimmten. Die Regierung der Vereinigten Staaten erfüllte die Abmachung jedoch ebensowenig wie die mehr als 400 anderen im Verlauf der Geschichte der USA mit Indianerstämmen abgeschlossenen Verträge.

Die durch Sklaven betriebene Kultur der südlichen Ausfuhrartikel Baumwolle, Tabak, Zucker usw. ist nur ergiebig, solange sie mit großen Gängen von Sklaven, auf massenhafter Stufenleiter und auf weiten Flächen eines natürlich fruchtbaren Bodens, der nur einfache Arbeit erheischt, ausgeführt wird. Intensive Kultur, die weniger von der Fruchtbarkeit des Bodens als von Kapitalsanlagen, Intelligenz und Energie der Arbeit abhängt, widerspricht dem Wesen der Sklaverei . . . Sobald (infolge der Erschöpfung des Bodens – d. V.) die Baumwollkultur stationär wird, wird der Erwerb neuer Territorien nötig, damit ein Teil der Sklavenhalter mit den Sklaven neue fruchtbare Ländereien besetze, und damit dem zurückgebliebenen Teil ein neuer Markt für die Sklavenzucht, also für den Verkauf von Sklaven, geschaffen werde.

Karl Marx 1861 in dem Artikel „Der nordamerikanische Bürgerkrieg"

Die Unterwerfung der Cheyenne

Des öfteren waren die stolzen Krieger vom Stamm der Cheyenne, die auf ihren schnellen Pferden die Prärie durchstreiften, auf weiße Eindringlinge gestoßen und hatten mit ihnen gekämpft. Aus den Auseinandersetzungen mit den neuen Feinden zogen sie Konsequenzen, indem sie ihre traditionellen Streitigkeiten mit den Dakota beilegten und mit ihnen ein Bündnis eingingen.

Ein Teil des Cheyenne-Stamms aber siedelte zu Beginn der 60er Jahre – von Regierungsvertretern überredet – in eine Reservation über. Die Betroffenen mußten die bittere Erfahrung machen, daß die indianische Bevölkerung von den herrschenden Kreisen der USA tatsächlich als Hindernis bei der Durchsetzung ihrer Pläne angesehen wurde und man deshalb ihre Beseitigung anstrebte. Ernüchtert und enttäuscht verließen sie die Reservation wieder und schlossen sich ihren mit den Dakota verbündeten Stammesbrüdern an.

Zu Beginn des amerikanischen Bürgerkrieges 1861 ebbte der Strom der weißen Siedler und Abenteurer in und durch das Land der Prärieindianer etwas ab. Als jedoch die von der aufstrebenden Bourgeoisie beherrschten Nordstaaten im Jahre 1865 den Sieg über die sklavenhaltenden Plantagenbesitzer des Südens davontrugen, setzte die territoriale Westexpansion erneut und mit erhöhter Intensität ein. Dazu wurden in verstärktem Maße Truppenkontingente in den Westen verlegt, die die vorhandenen Stützpunkte aus-

Die Missouri-Division im Jahre 1868

Die Missouri-Division wurde vom Generalleutnant Sherman kommandiert. Das Hauptquartier befand sich in St. Louis. Die Missouri-Division umfaßte drei Departements:

1. Missouri-Departement. Befehlshaber Generalmajor Sheridan. Hauptquartier in Fort Leavenworth (Kansas). Es umfaßte die heutigen Bundesstaaten Missouri, Kansas, Oklahoma, New Mexico und Colorado. Sheridan unterstanden fünf Infanterieregimenter, 36 Kavalleriekompanien, eine Artilleriekompanie sowie eine Ingenieurkompanie.
2. Platte-Departement. Befehlshaber Generalmajor Augur. Hauptquartier in Omaha (Nebraska). Es umfaßte die heutigen Bundesstaaten Iowa, Nebraska sowie Utah und Nord- und Süd-Dakota westlich des 104. Meridians; außerdem noch einige Gebiete von Colorado und Montana. Augur unterstanden vier Infanterieregimenter, zwölf Kavalleriekompanien und eine Artilleriekompanie.
3. Dakota-Departement. Befehlshaber Brigadegeneral Terry. Hauptquartier in St. Paul (Minnesota). Es umfaßte die heutigen Bundesstaaten Minnesota sowie Teile von Montana und die östlich des 104. Meridians gelegenen Gebiete von Nord- und Süd-Dakota. Terry unterstanden vier Infanterieregimenter.

Zu den regulären Streitkräften der Missouri-Division gehörten auch 600 indianische Kundschafter im Solde der Armee, denn eine Kongreßakte vom 28. Juli 1865 gestattete dem Präsidenten der USA über den Etat für die reguläre Armee hinaus die Anwerbung von 1000 Indianern für den Kundschafterdienst.

Sobald die dreizehn englischen Kolonien mit dem Krieg 1776–1783 ihre Unabhängigkeit errungen und die neue Regierung der Vereinigten Staaten eingesetzt hatten, begannen sie mit verdoppeltem Eifer wieder westwärts vorzudringen, wie es die Weißen seit ihrer ersten Niederlassung in Virginia im Jahre 1607 immer getan hatten. Die Wanderung nach dem Westen nahm jetzt wahrhaft Massencharakter an. Die Sklavenhalter des Südens, die entschlossen waren, koste es, was es wolle, ihr Sklaven- und Plantagensystem über den ungeheuren Westen auszudehnen, waren sehr aktiv. Dazu kamen die Bodenspekulanten des Nordens, die dadurch reich werden wollten, daß sie große Strecken neuen Farmbodens an sich rissen. Und schließlich versuchten die ärmeren Massen der Bevölkerung, ... sich aus der großen westlichen Wildnis Farmen herauszuschneiden. Das Ergebnis dieses vielfachen Druckes war ein unwiderstehlicher Drang nach Westen, der von einem gleich rücksichtslosen Geist wie zur Zeit des Cortez und Pizarro getragen war, erbarmungslos wurden sowohl die rivalisierenden kapitalistischen Mächte wie die ursprünglichen Bewohner vertrieben.

Der ehemalige Vorsitzende der KP der USA, W. Z. Foster

Kavallerie der USA-Armee (v. l. n. r.: indianischer Kundschafter, Rittmeister und Soldat in Paradeuniform, Offizier in Dienstuniform, Wachtmeister mit Mütze, Unteroffizier in Dienstuniform mit Feldhut)

bauten, so daß es in den betreffenden Regionen nach der Beendigung des Bürgerkrieges weit mehr Militär gab als zuvor. Um die riesigen Gebiete besser kontrollieren zu können, teilte man das Terrain westlich des Mississippi in zwei große Militärbezirke ein. Zum westlichen Militärbezirk, der Pacific-Division, gehörte das Land zwischen den Rocky Mountains und dem Stillen Ozean. Den östlichen Bezirk bildete die Missouri-Division; die in diesen Gebieten lebenden Indianer sollten „befriedet“ werden.

Hatte man nicht nur im Stamm der Cheyenne noch während des Bürgerkrieges geglaubt, daß die Weißen durch ihn so geschwächt würden, daß sie ihre Eroberungs- und Landraubabsichten aufgeben müßten, sahen sich die Indianer in dieser Hoffnung bald enttäuscht. Noch waren die Waffen der zwei sich gegenüberstehenden Armeen nicht verstummt, als es bereits zu Gefechten mit den eigentlichen Herren der Prärie kam.

Am 29. November 1864 überfiel eine Abteilung Soldaten unter Führung von Oberst John M. Chivington ein friedliches Lager der Cheyenne am Sand Creek. Sie richtete ein Blutbad an, dem 105 Frauen und Kinder sowie 28 Männer zum Opfer fielen. Nach anderen Berichten sollen es sogar bis zu 500 tote Indianer gewesen sein, die auf der blutgetränkten Erde zurückblieben. Vor dem Angriff hatte Chivington seinen Soldaten befohlen, „Cheyenne zu töten, wann und wo immer sie aufgefunden werden“. Daran hielten sich die in Blutrausch verfallenden Soldaten. Trotz der weißen Flagge und des Sternenbanners, die die Überfallenen unter Häuptling Black Kettle als Zeichen ihrer friedfertigen Gesinnung gehißt

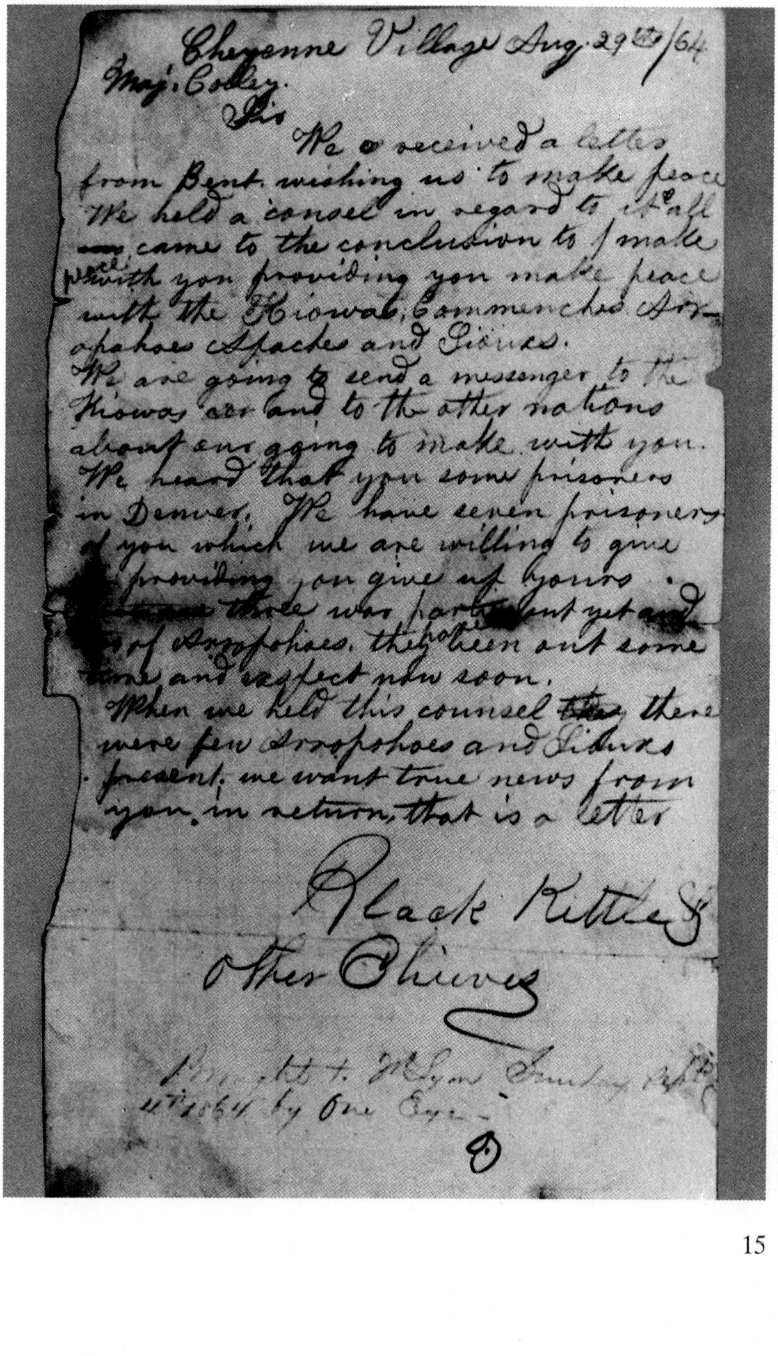

Cheyenne Village Aug. 29th/64
Maj. Colley
Sir
We received a letter
from Bent wishing us to make peace
We held a consel in regard to it all
came to the conclusion to make
with you providing you make peace
with the Kiowas, Commenches, Arr-
apahoes Apaches and Siouxs.
We are going to send a messenger to the
Kiowas and to the other nations
about our going to make with you.
We heard that you some prisoners
in Denver. We have seven prisoners
of you which we are willing to give
providing you give up yours.
There was parts out yet and
of Arrapahoes. they been out some
time and expect now soon.
When we held this counsel there
were few Arrapahoes and Siouxs
present, we want true news from
you in return, that is a letter

Black Kettle &
other Chieves

Brought to Ft Lyon Sunday Sept
4th 1864 by One Eye.

Am 29. August 1864 diktierte Black Kettle diesen Brief mit einem Friedensangebot

Ich sah fünf Frauen unter einer Uferböschung. Als Soldaten herankamen, liefen sie heraus und zeigten sich, damit die Soldaten sahen, daß sie Frauen waren, und baten um Gnade, aber die Soldaten erschossen sie alle. Etwa dreißig bis vierzig Frauen, die in einer Mulde Schutz gesucht hatten, schickten ein kleines Mädchen von ungefähr sechs Jahren mit einer weißen Flagge an einem Stock hinaus. Die Kleine wurde erschossen. Ich sah eine Frau mit aufgeschnittenem Leib und einem ungeborenen Kind an ihrer Seite. Ich sah die Leiche von White Antelope mit abgeschnittenen Geschlechtsteilen und hörte einen Soldaten sagen, er wolle sich daraus einen Tabaksbeutel machen. Ich sah eine Frau mit herausgeschnittenen Geschlechtsteilen.

Bericht des Augenzeugen Robert Bent über das Massaker am Sand Creek

Oglala-Dakota vor dem Angriff

Lager beim Eisenbahnbau

hatten, metzelten sie sie kaltblütig nieder.
Auf das Sand-Creek-Massaker, welches ein führender amerikanischer General etwas später als „feiges und brutales Gemetzel, das die Schuldigen mit unauslöschlicher Schande bedeckt und das Gesicht jedes Amerikaners mit Scham und Empörung überziehen muß", bezeichnete, reagierten viele Prärieindianer voller Wut und Empörung. Bis Ende Dezember versammelten sich annähernd 2000 Krieger der Cheyenne, Dakota und Nord-Arapaho und rächten sich für den heimtückischen Überfall. So wurden 45 Kavalleristen getötet, nachdem ihre Abteilung in einen Hinterhalt gelockt worden war. Die Krieger überfielen außerdem nacheinander mehrere Farmen und raubten das Vieh. Auch in Minnesota, Colorado und anderswo kam es in jenen Jahren zu heftigen Kämpfen und Aufständen von in Freiheit lebenden oder bereits unterworfenen Indianern gegen die weißen Eindringlinge.
Zweifelhaften Ruhm im Kampf gegen die Cheyenne errang der damalige Oberstleutnant G. A. Custer, der im November 1868 eine

Die einzigen guten Indianer, die ich gesehen habe, waren tot.

General Philip H. Sheridan

der Regierung freundlich gesinnte Abteilung der Cheyenne unter Führung des Häuptlings Black Kettle, der das Massaker am Sand Creek überlebt hatte, angriff. Die ahnungslos am Washita River lagernden Cheyenne wurden von einem Trupp Kavallerie überfallen. Die Zelte gingen in Flammen auf, niemand überlebte, der den Soldaten in die Hände fiel – weder Männer noch Frauen, Kinder und Greise. Mehr als 100 Menschen fielen den Kugeln und Säbelhieben der Kavalleristen zum Opfer. Den heimtückischen Überfall beantworteten die Cheyenne mit Angriffen auf die Trails und die im Bau befindliche Eisenbahnstrecke am Platte River. Unmittelbar nach der Beendigung des Bürgerkrieges hatten nämlich einflußreiche und kapitalkräftige Eisenbahngesellschaften mit dem Bau einer Schienenverbindung zwischen den an der Westküste entstandenen Städten und denen des Ostens begonnen. Die transkontinentale Eisenbahn verlief in der Nähe der alten Trails, also genau durch den Lebensraum der Prärieindianer. Durch die Angriffe auf die Eisenbahnbaustationen und auf das „Eiserne Roß" sahen sich die Mächtigen der Vereinigten Staaten herausgefordert. Sie beschlossen nun endgültig, die Cheyenne zu vernichten.

Am 11. Juli 1869 unterlagen die Krieger der Cheyenne in der Nähe von Summit Springs im nordöstlichen Colorado in einem Gefecht dem militärisch überlegenen Gegner. Die Mehrzahl der den Kampf überlebenden Cheyenne wurde in Reservationen gepfercht, wo sie von nun an ihr Dasein fristen mußten. Nur einigen wenigen Kriegern gelang die Flucht zu den Dakota, die ein Jahr zuvor einen bedeutenden Sieg über die Amerikaner errungen hatten.

Angesichts der immer größer werdenden Gefahr der militärischen Unterwerfung legten viele Stämme der nördlichen Prärie ihre alten Fehden bei und schlossen Bündnisse miteinander. Sogar traditionell verfeindete Stämme zogen die Lehren aus den vorangegangenen Bruderkämpfen. Die südlichen Nachbarn der Cheyenne, vor allem die Comanchen und Kiowa, verbündeten sich ebenfalls und konnten so bis in die 70er Jahre des 19. Jh. hinein ihre Freiheit behaupten. Zu einer Koordinierung des Widerstandes aller Stämme der Prärie kam es jedoch nicht. Dagegen schlossen sich nach den Überfällen auf die Cheyenne die in der nördlichen Prärie lebenden Indianer immer fester zusammen, wodurch oftmals Kriegerabteilungen von bisher nicht gekannter Größe entstanden. Obgleich jeder der Stämme seine politisch-kulturellen Eigenheiten bewahrte, betrachteten sie sich immer mehr als ein Volk, das sich angesichts der drohenden Gefahr seiner gewachsenen Stärke bewußt war.

Schon im Juli 1865 hatte eine indianische Allianz von etwa 3000 Kriegern unter Führung des Cheyenne-Häuptlings Roman Nose in der nördlichen Prärie mit Erfolg Stützpunkte der US-Armee angegriffen und so die Richtigkeit des gemeinsamen Kampfes bewiesen.

Mit diesem Aufruf sollten Freiwillige für den Kampf gegen die Cheyenne gewonnen werden

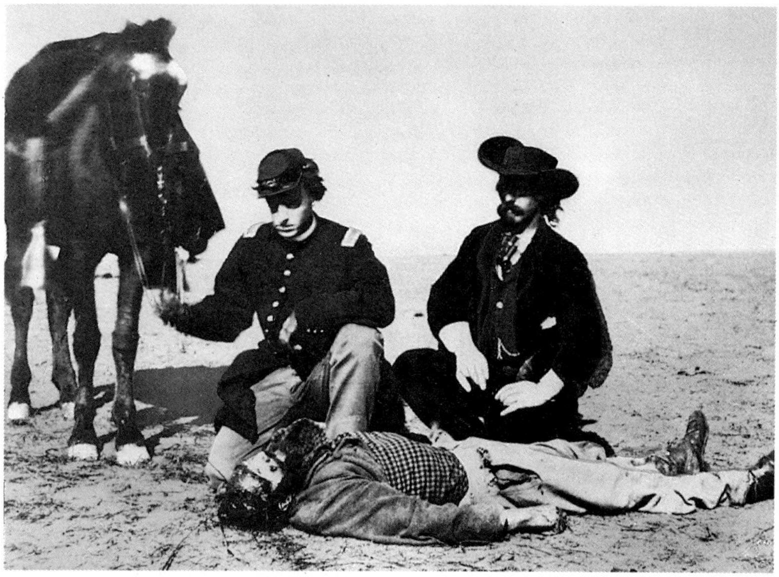

Ein getöteter und skalpierter weißer Büffeljäger wird aufgefunden

Der Cheyenne-Häuptling Roman Nose

Unter der Führung Red Clouds

Gegen Ende des Bürgerkrieges begannen verschiedene in der nördlichen Prärie, im Gebiet des Powder River, lebende Stämme einen hartnäckigen Guerillakampf gegen die dort stationierten US-Truppen, die von Oberst Henry B. Carrington befehligt wurden. Die indianische Streitmacht, bestehend aus Kriegern der Minneconjou, Oglala, Hunkpapa, Brulé, Cheyenne und Arapaho, wurde von einem der bekanntesten und befähigtsten Dakota-Häuptlinge, von Red Cloud, geführt.

Zu dieser Zeit konzentrierten sich die Kämpfe gegen die Indianer in jener Region, wo die Dakota und die mit ihnen verbündeten Stämme und Stammesgruppen beheimatet waren. Hier sahen die Verantwortlichen in Washington das Zentrum des indianischen Widerstandes, den es zu brechen galt. Ein führender Militär, General Patrick E. Connor, äußerte damals, die Indianer nördlich des Platte River müßten „gejagt werden wie Wölfe“.

Zunächst versuchte die USA-Regierung, die hier ansässigen Indianer auf „friedlichem Wege“ zur Aufgabe ihres Landes zu bewegen. Dazu schickte sie im Jahre 1864 eine Abordnung zu den Dakota, die von den rechtmäßigen Landbesitzern die Einwilligung zum Bau einer Eisenbahnstrecke durch ihr Stammesterritorium einholen sollte. Den Dakota wurden dafür Waffen und Munition sowie Decken, landwirtschaftliche Geräte und Saatgut im Wert von einigen Mill. Dollar versprochen. Die Eisenbahn konnte planmäßig gebaut werden, jedoch die von der Regierung zugesicherte Bezahlung blieb aus.

Ende 1865 – unter dem Eindruck der inzwischen eingetretenen Erfolge der verbündeten Indianer – entsandte die Regierung erneut eine Abordnung zu den Dakota, um von ihnen weitere Zugeständ-

Der Dakota-Häuptling Red Cloud

Das Fort Laramie; Gemälde von A. J. Miller

Dakota-Häuptlinge (v. l. n. r.: Spotted Tail, Roman Nose, Young-Man-Afraid-of-His-Horse, Lone Horn, Whistling Elk, Pipe, unbekannter Indianer)

nisse zu erhalten, nötigenfalls auch zu erpressen. Sollten die Bemühungen um eine „friedliche" Regelung erfolglos bleiben, standen vier Regimenter in Bereitschaft, „um den gewünschten Frieden zu erkämpfen".
Mittels Erpressung und Bestechung gelang es den Amerikanern schließlich, einige, allerdings über keinen bedeutenden Einfluß verfügende Häuptlinge zum Verkauf von Ländereien zu bewegen. In neun Verträgen traten sie nicht nur Land ab, sondern erteilten der Regierung außerdem die Genehmigung, durch das den Indianern verbliebene Gebiet Straßen und Wege zu bauen. Den Mitgliedern der Regierungskommission war freilich vollkommen klar, daß die Verträge wertlos waren, denn kein einziger Indianer oder gar einflußreicher Häuptling aus der Powder-River-Region, dem Sammelbekken und Kern der vereinten indianischen Kräfte, hatte sie unterzeichnet. Da das Land Gemeineigentum aller Indianer war, konnte es außerdem ein einzelner Häuptling nicht verkaufen.
Die Mehrzahl der über den Verrat

Kriegshaube

Krieger der Brulé-Dakota

empörten Häuptlinge lehnte die Verträge ohnehin ab und traf sich im Juni 1866 im Fort Laramie, um mit der Regierungskommission zu verhandeln. Die Häuptlinge Red Cloud, Spotted Tail, Man-Afraid-of-His-Horse, Red Leaf und Bull Knife sprachen im Namen der überwiegenden Mehrheit der Dakota und ihrer Verbündeten, als sie die neun Verträge zurückwiesen. Sie forderten, daß die Amerikaner das Fort Laramie, welches den Landräubern in zunehmendem Maße als Ausgangspunkt diente, räumen sowie der ihr Stammesterritorium durchquerende Bozeman Trail und die dort entlang errichteten Militärstützpunkte verschwinden müßten.

Nachdem die Häuptlinge ihre Bedingungen vorgebracht hatten, erhoben die Regierungsbeamten ihrerseits Forderungen, wie sie den Indianern gegenüber bis dahin noch nie so unverblümt geäußert worden waren. Der Vorsitzende der Kommission und Gouverneur des Territoriums Dakota, Newton Edmunds, sagte, daß sich die noch in Freiheit lebenden Indianer über kurz oder lang ohnehin in Reservationen zurückziehen müßten, weil die Regierung Pläne entwikkelt habe, das Land am Powder River mit aus Europa kommenden Einwanderern zu besiedeln. Daraufhin erhob sich Red Cloud und drohte entrüstet: „Wir nehmen keinen Vertragsbruch mehr hin. Jeder Weiße, der den Crazy Woman Creek überschreitet, wird getötet. Wir werden die Forts so lange bekämpfen, bis sie in Flammen aufgehn. Reißt die Forts ab, zieht euch auf die vertraglich festgelegten Linien zurück, und es wird sofort Frieden herrschen."

Nach der Rede Red Clouds wurden die Verhandlungen abgebrochen. Die Amerikaner gaben sich mit dem Ergebnis jedoch nicht zufrieden. Sie hatten alles vorbereitet, um die im Fort Laramie erschienenen Häuptlinge gefangenzunehmen. Dieser Plan mußte aber fallengelassen werden, als ein aus Fort Phil Kearny eintreffender Kurier meldete, er habe auf seinem Wege viele indianische Krieger gesehen, die anscheinend zum Schutz ihrer Häuptlinge außer Sichtweite des Verhandlungsortes lagerten.

Nachdem die Regierungsdelegation nach Washington zurückgekehrt war, wurden die Verträge, deren Wertlosigkeit die Mitglieder der Kommission nur zu gut kannten, wider besseren Wissens dem Kongreß zur Ratifizierung vorgelegt. Gleichzeitig begann man, das Fort Laramie und die dorthin führenden Verbindungsstrecken auszubauen und zu befestigen.

Entsprechend ihrer Warnung wehrten sich die Indianer nun hartnäckig mit bewaffneter Gewalt unter der anerkannten Führung des Häuptlings der Oglala-Dakota, Red Cloud. Gemeinsam mit den Oglala kämpften Krieger der Arapaho unter Führung des Häuptlings Black Bear und der Cheyenne unter Two Moons. Ein noch sehr junger Kriegshäuptling der Oglala erwarb sich in jenen Kämpfen besonders durch sein taktisches und militärisches Können den ersten Ruhm. Er hieß

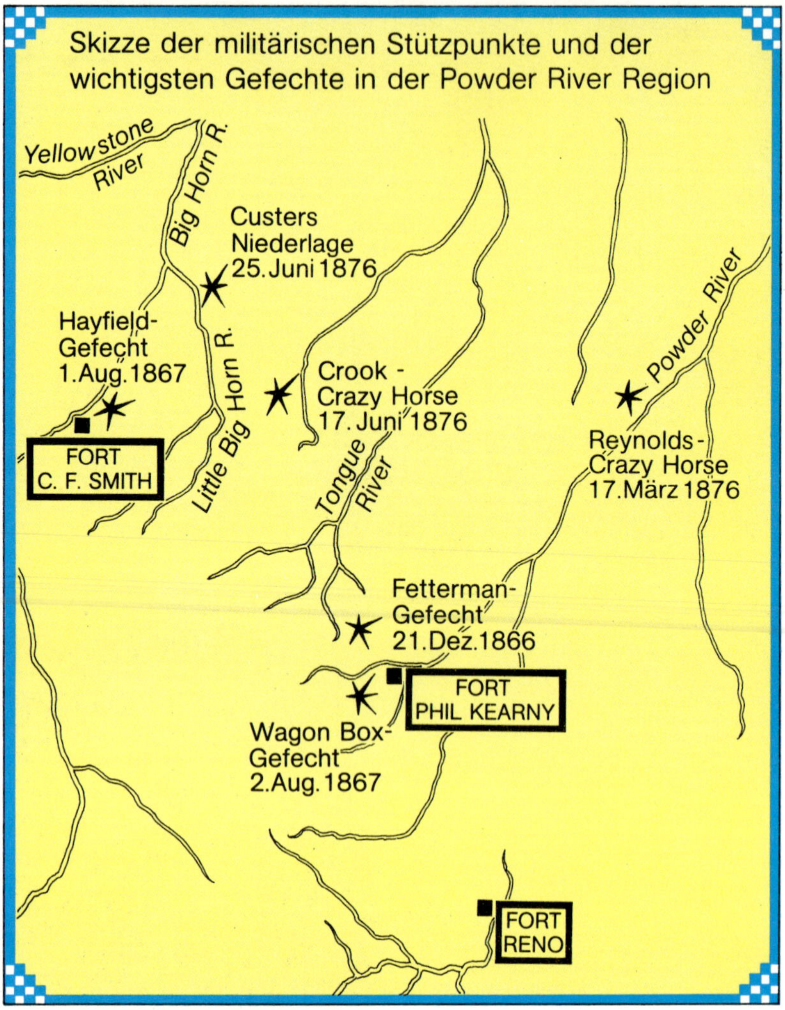

Das amerikanische Volk hat sich an die Lehre gewöhnt, daß die Indianer eine niedere Rasse mit brutalen Charaktereigenschaften von Wilden sind, die nach dem Willen Gottes mit der Ausbreitung der technischen Zivilisation auszusterben hat.

Der Bischof von Minnesota 1880

Überfall auf ein indianisches Dorf im Morgengrauen

Tashunka Witko und ist unter dem englischen Namen Crazy Horse weltbekannt geworden.
Vor allem attackierten die verbündeten Indianer, denen sich immer mehr Krieger der Dakota und anderer Präriestämme anschlossen, die am Bozeman Trail errichteten Forts C. F. Smith, Reno und Phil Kearny, deren Abriß Red Cloud von der Regierung forderte. Am 21. Dezember 1866 konnten sie in der Nähe von Fort Phil Kearny einen Sieg über eine Abteilung Soldaten erringen. Damit erlitt die US-Armee ihre bisher größte Niederlage im Kampf gegen die Prärieindianer und die zweite Niederlage in der amerikanischen Geschichte, bei der es keine Überlebenden auf seiten der Soldaten gab.
Der Erfolg der Indianer, der von den Amerikanern als Fetterman-Massaker diffamiert wurde, zeigte den verantwortlichen Militärs, daß ihre Gegner willens waren, ihre Freiheit mit aller Kraft zu verteidigen. Die an der vollständigen Eroberung des Westens interessierte Bourgeoisie und die in ihrem Solde stehenden führenden Generäle entschlossen sich nun, das ärgerliche Indianerproblem vollständig zu beseitigen, und zwar auf die einzige für sie denkbare Art. Von der rücksichtslosen Brutalität, mit der sie weiterhin die Indianer zu bekämpfen beabsichtigten, zeugt eine Depesche des Generals Sherman an seinen Vorgesetzten, den späteren Präsidenten der USA, Ulysses S. Grant, eine Woche nach dem Fetterman-Gefecht: „General!... Ich habe General Cooke Befehl zum Vorgehen gegen die Sioux gegeben. Ich verstehe immer noch nicht, wie die Vernichtung der Truppe von Oberst Fetterman so vollständig sein konnte. Wir müssen uns mit aller Härte an den Sioux rächen, selbst wenn wir sie dabei ausrotten sollten, die Männer, die Frauen und Kinder. So könnten wir die Wurzeln des Übels beseitigen."
In den folgenden Monaten ging die US-Armee dann auch mit äußerster Schärfe gegen die verbündeten Prärieindianer vor. In den ersten Augusttagen des Jahres 1867 mußten die Indianer nach einigen erfolgreichen Gefechten Rückschläge hinnehmen. Die bekanntesten bezeichnete man als das Hayfield- und das Wagon-Box-Gefecht. Um sie entstanden später unzählige Legenden, in denen die „Heldentaten" der amerikanischen Soldaten glorifiziert wurden. Die Indianer jedoch betrachteten die beiden Gefechte nicht als Niederlage.

Eine Wende in der Indianerpolitik?

Trotz dieser Erfolge der Armee wurde in Washington gerade zu jener Zeit die Frage diskutiert, ob es nicht vorteilhafter sei, die Forderungen der kämpfenden Prärieindianer zu erfüllen; war es doch immerhin billiger, die Indianer in Reservationen zusammenzupferchen und sie recht und schlecht zu verpflegen, als einen blutigen und kostspieligen Kampf gegen sie zu führen. Eine Beendigung des Kampfes wäre für die USA zudem insofern von Vorteil gewesen, als die transkontinentale Eisenbahn ohne Angriffe der Indianer fertiggestellt werden könnte. Außerdem hätte zumindest ein Teil der noch kämpfenden Indianer von der Redlichkeit und dem Friedenswillen der Regierung überzeugt werden können. Damit wäre die indianische Widerstandsallianz gespalten gewesen. Die vollständige Unterjochung der Prärieindianer hätte man dann zwar noch etwas hinausschieben müssen, aber dies kam einigen Politikern und Generälen sogar entgegen; denn der schon seit einiger Zeit vorangetriebene geheime Aufmarsch der Armee in der nördlichen Prärie war noch nicht abgeschlossen.
Nach längeren Diskussionen und genauem Abwägen des Für und Wider kam die Regierung der USA schließlich zu dem Ent-

Reservation; idealisierendes Gemälde von W. J. Fuller

Agenturen

Schon seit der ersten Hälfte des 19. Jh. wurden im Indianerland oder in den Reservationen Agenturen von der USA-Regierung eingerichtet. Ihre Leiter, die sogenannten Indian Agents, waren Regierungsbeamte, die als Vertrauensleute der Indianer wirkten, über die Einhaltung der Verträge und entsprechenden Gesetze wachen, die Lebensmittellieferungen und andere Hilfsgüter verteilen, Lizenzen für Händler vergeben, den Handel und Schmuggel mit Alkohol unterbinden und sich „ganz allgemein um die Wohlfahrt der indianischen Ländereien und Reservationen" bemühen sollten. Die Beamten der ursprünglich einmal als Zentren der sozialen Betreuung und Bildung der indianischen Bevölkerung gedachten Agenturen waren jedoch in der Mehrzahl korrupt. Sie kümmerten sich nicht um das Wohl der ihnen anvertrauten Menschen, sondern wirtschafteten in die eigenen Taschen.

schluß, mit Red Cloud und seinen Verbündeten Frieden zu schließen. Zu diesem Zweck wurde auf Beschluß des Kongresses eine Regierungskommission zusammengestellt, der hohe Militärs und Beamte angehörten. Am 6. August 1867 konstituierte sich die Peace Commission (Friedenskommission). Sie war mit der Vollmacht ausgestattet, mit den Häuptlingen der kriegführenden Stämme zu verhandeln und einen Friedensvertrag abzuschließen.

Bevor sich die Kommission Mitte September mit Red Cloud und den anderen Häuptlingen im Fort Laramie treffen sollte, unternahm sie eine Inspektionsreise entlang des Missouri. Sie besuchte Agenturen sowie Reservationen der bereits unterworfenen Ureinwohner und kontrollierte die Arbeit der dortigen Beamten. Obwohl selbst keine Freunde der Indianer, mußten die Mitglieder der Kommission eine erschreckende Korruption unter den Beamten feststellen. Diese unterschlugen die in früheren Verträgen festgelegten, für die Indianer bestimmten Lebensmittel sowie andere Hilfsgüter und verkauften sie. Der Erlös floß in ihre Taschen, während die Bewohner ganzer Siedlungen in den Reservationen dem Hungertod preisgegeben waren.

Durch die allzu offensichtlichen Vergehen der von der Regierung

Innenansicht von Fort Laramie

besoldeten Beamten ohnehin verärgert, verschlechterte sich die Stimmung der Kommissionsmitglieder noch mehr, als sie erfuhren, daß keiner der geladenen Häuptlinge zum Treff im Fort Laramie erschienen sei. Nachdem sie dort angelangt waren, erreichte sie die Mitteilung, daß sich die Häuptlinge erst nach der im Herbst anstehenden Büffeljagd, gegen Ende November, mit der Friedenskommission treffen wollten.

Voller Ungeduld erwarteten die Abgesandten des „Großen Weißen Vaters", wie die Indianer den Präsidenten der USA oft bezeichneten, das Erscheinen von Red Cloud. Der jedoch ließ weiter auf sich warten. Schließlich ließ er durch seinen Stellvertreter, den Häuptling Man-Afraid-of-His-Horse, ausrichten, daß er erst verhandeln werde, wenn die umkämpften Forts geräumt seien. Da die Kommission für einen solchen Befehl keine Ermächtigung hatte, kehrte sie Ende des Jahres erfolglos nach Washington zurück. Dort beriet man erneut und kam zu der Ansicht, daß die Verhandlungen erfolgversprechender wären, wenn sie mit den einzelnen Häuptlingen getrennt geführt würden. Im Frühjahr 1868 reiste die Kommission erneut nach Fort Laramie.

Der Friedensvertrag von Fort Laramie

Es gelang der Kommission bald, einige Häuptlinge der Brulé, Minneconjou und Yanktonai sowie der nördlichen Arapaho von dem „Friedenswillen" der Regierung zu überzeugen und zur Unterzeichnung eines Vertrages zu gewinnen. Der sollte einen dauerhaften Frieden zwischen den USA und den Signatarstämmen garantieren. Im Artikel 1 heißt es: „Von diesem Tage an endet jeglicher Krieg zwischen den vertragschließenden Parteien für immer. Die Regierung der Vereinigten Staaten wünscht den Frieden und verpflichtet sich hiermit bei ihrer Ehre, ihn zu halten. Die Indianer wünschen den Frieden und verpflichten sich bei ihrer Ehre, ihn zu bewahren." Des weiteren wollte die USA-Regierung ein ausgedehntes „Schutzgebiet" einrichten und Agenturen lediglich dort zulassen, wo Warenlager, Werkstätten und Mühlen für die Indianer entstehen sollten.

Wer von ihnen landwirtschaftlich ausgebildet werden wollte, sollte jegliche Unterstützung erhalten.

Einige an den Friedensverhandlungen teilnehmende Häuptlinge

Außerdem war die Errichtung einiger Schulen vorgesehen. Keinem Weißen sollte es erlaubt sein, sich in dem festgelegten Gebiet niederzulassen oder es überhaupt ohne Genehmigung zu betreten. Die Regierung ging die Verpflichtung ein, die bereits vorhandenen Militärstützpunkte aufzulösen sowie keiner weiteren Verkleinerung des Gebietes zuzustimmen, die nicht von drei Vierteln aller dort lebenden erwachsenen männlichen Indianer gebilligt und schriftlich bestätigt worden sei. Weiterhin wurde den Indianern das alleinige Jagdrecht in der Powder-River-Region zugestanden. Sie hatten dafür den Bau von Eisenbahnlinien und Überlandstraßen südlich des North Platte River zu tolerieren.

Da den Indianern die im Vertrag festgelegten Bestimmungen und Verpflichtungen annehmbar erschienen, unterzeichneten ihn am 29. April 1868 auch Spotted Tail sowie 25 weitere Häuptlinge. Am 25. Mai folgten Man-Afraid-of-His-Horse und andere Häuptlinge der Oglala. In den darauffolgenden Tagen unterzeichneten über 100 Häuptlinge von mehr oder weniger großen Stämmen und Stammesgruppen der verbündeten Prärieindianer den Friedensvertrag. Die Mitglieder der Kommission waren zufrieden. Noch mehr hätten sie sich allerdings gefreut, wenn auch der einflußreichste Repräsentant der verbündeten Indianer, Red Cloud, dem Vertrag beigetreten wäre. Dieser jedoch ließ

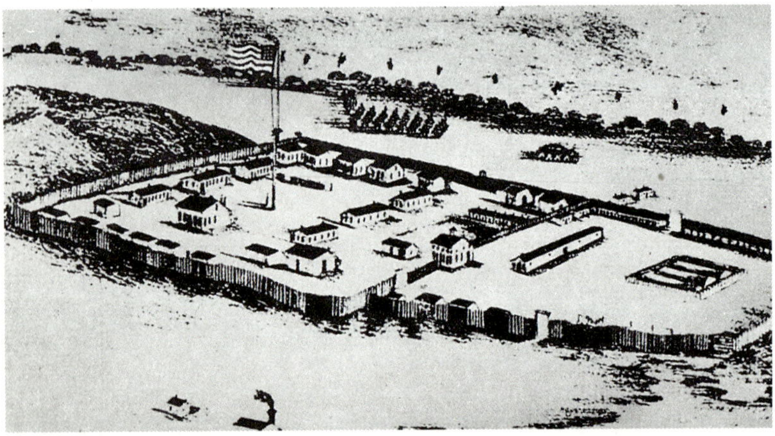

Die Mitglieder der „Friedenskommission" ließen sich mit einer Indianerin fotografieren

Die Verhandlungen fanden in einem Zelt in der Nähe von Fort Laramie statt

Das Fort Phil Kearny

> Es ist das erste Mal in der Geschichte der Vereinigten Staaten, daß die Regierung einen Kriegszug begann und danach auf alle Bedingungen des Feindes einging.
>
> Die „New York Herald Tribune"

ausrichten, daß er dem Abkommen erst dann zustimmen würde, wenn der Bozeman Trail nicht mehr benutzt würde und die umstrittenen Forts von den Soldaten geräumt seien. Daraufhin richtete die Kommission ein entsprechendes Ersuchen an die Regierung; denn die Forderung Red Clouds war in dem Vertragstext enthalten. Am 29. Juli 1868 erteilte schließlich das Kriegsministerium die Anweisung, das Land am Powder River zu räumen. Einige Tage später begann der Abzug der Soldaten. Die Forts wurden den Indianern übergeben, die sie sofort in Brand steckten.

Damit waren die von Red Cloud gestellten Bedingungen erfüllt, und er setzte gemeinsam mit weiteren Häuptlingen am 6. November 1868 seine Unterschrift unter den Friedensvertrag von Laramie. Am 16. Februar 1869 wurde der Vertrag vom Senat der Vereinig-

> Je mehr wir in diesem Jahr töten, . . . desto weniger werden wir im nächsten Jahr zu töten haben, denn je näher ich diese Indianer kennenlerne, desto mehr komme ich zu der Überzeugung, daß sie alle umgebracht oder unter ärmlichsten Verhältnissen kleingehalten werden müssen. Ihre Versuche, sich der Zivilisation anzupassen, sind einfach lächerlich.
>
> General William T. Sherman 1868

ten Staaten ratifiziert. In erster Linie war der Erfolg der Indianer auf ihr geschlossenes Handeln zurückzuführen. Ferner resultierte er aus den kriegerischen und diplomatischen Fähigkeiten einiger führender Häuptlinge, vor allem Red Clouds. Gerade er hatte es – durch seine militärischen Leistungen und durch seine kluge Verhandlungstaktik – verstanden, dem Gegner eine empfindliche Schlappe zu bereiten.

Vor allem einige Militärs empfanden den Vertrag als schmachvoll, denn zu jener Zeit waren mehr als 26000 Soldaten im Westen stationiert, mehr als je zuvor. Auch die im Nordwesten der USA ansässigen Amerikaner, denen nunmehr die direkte Verbindung zu den Städten des Ostens verwehrt war, sowie einige Kapitalisten und viele Siedler verurteilten die Indianerpolitik der Regierung.

Ein verheißungsvoller Anfang

Trotz der gegenüber der Regierung geäußerten Kritik hielt diese sich zwei Jahre lang an den Vertrag; ebenso taten es die Indianer.
Wie vereinbart, richtete man in dem den Indianern zugesicherten Gebiet Agenturen ein. Die nomadisierenden Büffeljäger begannen seßhafte Bodenbauern und Viehzüchter zu werden, so schwer es den seit Generationen durch die freie Prärie streifenden Kriegern auch fiel, sich an die neuen Lebensbedingungen zu gewöhnen.
Wenngleich es immer wieder Versuche gab, den Frieden zu stören, und es galt, Schwierigkeiten aus dem Weg zu räumen, bewies Red Cloud auch jetzt Geschick und Hartnäckigkeit im Umgang mit den amerikanischen Behörden.
Unterstützung erhielt er von einer Seite, von der er es nicht erwartet hatte. Seit dem Herbst 1869 regierte nämlich in Washington ein anderer „Großer Vater", und zwar Präsident U. S. Grant, der zum ersten Mal einen Indianer als Kommissar des Bureau of Indian Affairs eingesetzt hatte. Als sich im Januar 1870 in der Prärie Gerüchte über ein erneutes Massaker unter den Indianern verbreiteten, war es Ely Parker, Häuptling der Seneca und nunmehr Regierungskommissar, der für eine offizielle Untersuchung des Blutbades unter den Piegan Blackfeet eintrat. Die Blackfeet waren zwar alte Feinde der meisten Prärieindianer, doch in der damaligen Situation versetzte jeder Überfall von Soldaten auf Indianer sämtliche Stämme in Unruhe. Deshalb lud Ely Parker die Häuptlinge Red Cloud, Spotted Tail und andere nach Washington ein, wo sie Gelegenheit zum Austausch ihrer Standpunkte mit Regierungsvertretern und einflußreichen Politi-

Teilansicht eines Lagers der Prärieindianer

Es ist unser Wunsch gewesen, friedlich in unserem Land zu leben; ... doch der Große Vater hat es mit Soldaten besetzt, die nur unseren Tod wollen ... Ich glaube, daß es einen besseren Weg gibt. Wenn Menschen in Streit geraten, ist es für beide Parteien besser, ohne Waffen zusammenzukommen und zu verhandeln und eine friedliche Lösung zu finden.

Spotted Tail, Häuptling der Brulé-Dakota

Bureau of Indian Affairs (Büro für Indianerangelegenheiten) BIA

Das BIA wurde am 11. März 1824 gegründet. Anfangs gehörten ihm nur drei Mitarbeiter an. Zehn Jahre später wurde das BIA beträchtlich ausgebaut. Im Jahre 1849 löste man es aus dem Kriegsministerium heraus, was endlose Komplikationen, bürokratische Verwicklungen und Kompetenzstreitigkeiten zur Folge hatte. Bis heute ist das BIA, das als einzige Regierungsinstitution der USA die Durchsetzung der Rechte der Indianer gegenüber der Administration sowie die Politik der Bundesregierung gegenüber den Indianern garantieren soll, ein aufgeblähter Apparat. Er vertritt weniger die Interessen der indianischen Bevölkerung, sondern versucht vielmehr, sie in Knechtschaft zu halten.

Der Große Weiße Vater mag zur Kenntnis nehmen, daß alles Gerede über Krieg und Frieden sinnlos ist, solange man uns nicht das Recht zusteht, zu leben, wie wir es wollen. Nachdem die Weißen alle Friedensverträge stets gebrochen haben, ... kann man nicht von uns erwarten, daß wir denen, die mit gespaltenen Zungen reden, noch ein Wort glauben.

Red Cloud 1870 in Washington

Ely S. Parker, Häuptling der Seneca, Regierungskommissar

Ulysses S. Grant, der 18. Präsident der USA

kern hatten. Nachdem Red Cloud nach zähen Verhandlungen einige Berichtigungen am Friedensvertrag von Laramie hatte durchsetzen können, nutzte er die ihm gebotene Gelegenheit, in New York in einer öffentlichen Versammlung zu sprechen. „Wir wollen Frieden halten", beteuerte er seinen Zuhörern und fragte: „Werdet Ihr uns dabei helfen?"

Der Aufruf Red Clouds an die New Yorker Bevölkerung zeitigte indes wenig Erfolg. Bereits Ende 1870 verschlechterten sich die Beziehungen zwischen den Vertragspartnern von 1868. Die vereinbarten Lieferungen der Regierung blieben aus. In Washington geriet Parker wegen seines Eintretens für die Indianer in das Kreuzfeuer der Kritik und mußte schließlich zurücktreten.

Zu diesem Zeitpunkt erlangten zwei Faktoren bedeutenden Einfluß auf den Freiheitskampf der Prärieindianer. Es waren dies der Übergang zum massenhaften Abschlachten von Büffelherden im Westen der USA und die Goldfunde im Lande der Sioux.

Das Massaker unter den Piegan Blackfeet

Am 23. Januar 1870 wurden in Montana einige Maultiere von einem Transportwagen der Armee gestohlen. Ohne den Indianern die Schuld daran nachweisen zu können, brach der örtliche militärische Befehlshaber, Major Baker, mit einem Trupp Soldaten auf, um die vermeintlichen Diebe zu verfolgen und Vergeltung zu üben. Man beschloß, das erste indianische Lager, auf das man stieß, zu überfallen. Das Lager, in dem sich hauptsächlich alte Männer, Frauen und Kinder befanden, von denen einige an Pocken erkrankt waren, konnte nicht verteidigt werden. Erschreckt aus ihren Zelten stürzend, wurden 33 Männer, 90 Frauen und 50 Kinder von den Soldaten kaltblütig erschossen. Lediglich 46 Blackfeet überlebten das Massaker.

Man muß weit gehen, wenn man soviel malerische Eleganz, geschmeidige Würde und unbeeindruckbare Gelassenheit zu Gesicht bekommen möchte. Die „blutrünstigen Wilden“ sind von einer solchen geradlinigen Aufrichtigkeit und verblüffenden Logik, daß man schon nach kurzer Unterhaltung ihnen gegenüber ein undefinierbares Gefühl der Scham empfindet.

Die Zeitung „London Times“ 1870

Häuptlinge der Dakota in Washington (sitzend v. l. n. r.: Sitting Bull, Swift Bear, Spotted Tail; stehend: Dolmetscher, Red Cloud)

Das Büffelmorden

In riesigen Herden durchstreiften die Büffel – so lautet die deutsche Bezeichnung für die in der Prärie beheimateten Bisons – das Grasland. Sie bildeten die wichtigste Nahrungsgrundlage der hier ansässigen Stämme und lieferten ihnen Rohstoffe für die Herstellung der verschiedensten Gegenstände des täglichen Bedarfs. Jeder Stamm verfügte über ein bestimmtes Jagdgebiet. Die Jagd wurde mit besonderen Zeremonien, wie Büffeltänzen, eingeleitet und verlief wegen ihrer existentiellen Bedeutung für die einzelnen Stämme nach strengen und genau vorgeschriebenen Riten. Auch die Verteilung der Jagdbeute war genau geregelt.

In den führenden Kreisen der USA-Regierung wußte man um die große Bedeutung des Büffels für die Existenz der Prärieindianer. Den Verantwortlichen war nur zu klar, daß das Leben der noch in Freiheit befindlichen Präriestämme vom Vorhandensein dieser Tiere abhing. So kam man

Indianer auf der Büffeljagd; Gemälde von J. M. Stanley

Von der Eisenbahn aus wurden die Büffel zu Hunderttausenden abgeschlachtet

auf den heimtückischen Gedanken, von den kostspieligen Kriegen mit den Indianern zu einem weit effektiveren System, ihrer Vernichtung durch die vollständige Ausrottung der Büffel, überzugehen. Schon sehr bald begannen die Weißen nach der Devise zu handeln: „Keine Büffel – keine Indianer mehr!" Ende der 60er/Anfang der 70er Jahre wurde die Ausrottung der Büffel, mit der man bereits in den 20er Jahren begonnen hatte, in bisher nicht gekanntem Ausmaß fortgesetzt.

Den ersten weißen Reisenden waren beim Durchqueren der Prärie noch täglich große Büffelherden begegnet. Der deutsche Forscher Balduin Möllhausen, der um die Mitte des vorigen Jahrhunderts die Prärie durchstreift und die dort lebenden Indianer besucht hatte, schilderte seine Eindrücke so: „In den Monaten August und September ziehen sich die vom frischen Frühlingsgrase wohlgenährten Büffel in Herden zusammen, und zwar in solchen Massen, daß die Ebene, oftmals so weit wie das Auge reicht, schwarz von ihnen ist und ein Überschlag ihrer Zahl nach möglicher Weise nur gemacht werden kann, indem man den Flächenraum, welchen diese Tiere bedecken, nach Quadratmeilen berechnet."

Schätzungen aus unserem Jahrhundert besagen, daß im Jahre 1830 etwa 60 Mill. und um die Mitte des 19. Jh. noch 20 bis 50 Mill. Büffel die Prärie bevölkerten. Doch bereits gegen Ende des Bürgerkrieges existierten nur noch 8 bis 10 Mill. Tiere. Schon diese Zahlen machen das Ausmaß der Ausrottung deutlich. Dabei hatten die Weißen, als sie die Präriegrenze erreichten, die Nützlichkeit des Büffels durchaus zu schätzen gewußt. Für die die Prärie durchquerenden „Pioniere" und die sich in den Randgebieten niederlassenden Siedler wurden die Tiere zum wichtigsten Fleischlieferanten. Seit dem Baubeginn der transkontinentalen Eisenbahn hatten professionelle Jäger den Auftrag erhalten, die Arbeiter mit Büffelfleisch zu versorgen.

Kurz darauf jedoch hatten geschäftstüchtige Amerikaner erkannt, daß die Zungen der Tiere sehr schmackhaft sind und daß die Bewohner der großen Städte und sogar die Menschen in Europa ohne weiteres eine gehörige Summe Geldes dafür bezahlen würden. Deshalb begann man die Büffel zu Tausenden abzuschlachten. Die als Leckerbissen sehr gefragten Zungen waren zu Großhandelsobjekten geworden. Allein hierdurch hatte die Produktionsweise der Prärieindianer aber noch nicht ernsthaft erschüttert werden können. Doch nun traten die Lederfabrikanten auf den Plan. Sie setzten einen Preis für jedes gelieferte Büffelfell aus, für das in den Städten des Ostens reißender Absatz vorhanden war. Außer den Zungen und Häuten hatten die Weißen keinerlei Verwendung für die prächtigen Tiere. Zu Tausenden verwesten die Kadaver in der Prärie. Ein am Arkansas River entlangreisender Brite berichtete, daß „dort eine ununterbrochene Reihe verwesender Büffelkadaver (lag), so daß davon die Luft ganz verpestet und im höchsten Grade unerträglich gemacht wurde".

Um die Büffel in großer Zahl schnell abschlachten zu können, hatte man in den 20er Jahren mit dem Bau von Büffelkanonen begonnen, mit denen über größere Entfernungen in die Herden hineingeschossen werden konnte. Zwischen 1820 und 1840 waren den Kanonen mehr als 2 Mill. Büffel zum Opfer gefallen. Im Jahre 1832 wurde der letzte wilde Büffel östlich des Mississippi gesichtet.

Die professionellen Büffeljäger benutzten mit Zielfernrohren ausgerüstete Gewehre, die eine Treffsicherheit von über 1500 m besaßen. Sogar von fahrenden Eisenbahnwagen aus wurde in die Herden hineingeschossen, was viele als einen Sport ansahen. Der spätere USA-Präsident Theodore Roosevelt erklärte, daß die Büffeljagd nicht allzu schwer gewesen sei, „denn wenn die Jäger einmal den Kunstgriff heraus hatten, ließen sich die Büffel leichter abschlachten als irgendeine andere Wildart". Andere Augenzeugen schilderten, wie Büffeljäger sich eine Herde Büffel aussuchten und so lange hineinschossen, bis kein lebendes Tier mehr in Reichweite war. Hinter ihnen kamen dann die Skinners (Fellhändler) in ihren Planwagen und zogen den toten Tieren die Felle ab. Die Kadaver blieben an Ort und Stelle liegen und verwesten – niemand kümmerte sich um das Fleisch, das für die Indianer die Lebensgrundlage bedeutete.

Je mehr Büffel man abzuschlachten bestrebt war, desto ausge-

General Philip Sheridan

Um 1874 lagerten in Dodge City, Kansas, etwa 40000 Büffelfelle

klügelter wurde das System des Mordens. General Sheridan engagierte sich hierbei besonders. Er heuerte massenweise brutale und gewissenlose Abenteurer an, die ausnahmslos ausgezeichnete Schützen waren. Sie trieben die systematische Ausrottung der Büffel voran. Als Sheridan wegen der zwielichtigen Elemente kritisiert wurde, erwiderte er: „Laßt sie sie töten, abhäuten und verkaufen, bis die Büffel ausgerottet sind; es ist die einzige Möglichkeit, dauerhaften Frieden und eine Ausbreitung der Zivilisation zu erreichen.“ Der General und seine Hintermänner wurden von den Büffeljägern auch nicht enttäuscht. Im Jahre 1875 konnte Sheridan mit Befriedigung feststellen: „Die Büffeljäger haben in wenigen Monaten mehr für die Befriedung der Indianer getan als unsere Armee in 30 Jahren.“

In der Tat hatten diese die südliche der zwei existierenden großen Herden zu Beginn der 70er Jahre vollständig vernichtet. Die Nordherde wurde zudem durch die Eisenbahn in zwei Teile gespalten, so daß sich die eine Hälfte südlich und die andere nördlich des Platte River befand. Innerhalb weiterer fünf Jahre rotteten die Scharfschützen Sheridans auch die 4 Mill. Büffel südlich des Platte River aus. Als daraufhin einige verantwortungsbewußte Bürger in Texas ein Gesetz verabschieden wollten, durch das die dort noch existierenden Büffel geschützt werden sollten, begab sich Sheridan sofort dorthin. Er verhinderte das Zustandekommen des Gesetzes, was ihm als Befehlshaber der Missouri-Division nicht schwerfiel. So ging das Büffelmorden in einem kaum vorstellbaren Ausmaß weiter.

Der Zeitgenosse W. Blackmore berichtete: „Als ich im Herbst 1868 die Plains ... auf einer Strecke von ungefähr 120 englischen Meilen ... durchreiste, fuhren wir durch eine beinahe ununterbrochene Herde von Büffeln. Die Prärien waren vollkommen schwarz von denselben, und der Zug mußte mehr als einmal anhalten, um ungewöhnlich große Herden vorbeiziehen zu lassen. Als ich aber einige Jahre später wieder dieselbe Bahnstrecke bereiste, hatten wir nur äußerst selten noch den Anblick einiger kleiner und spärlicher Herden von je zehn bis zwanzig Stück Büffel.“

Für einige Fabrikanten lohnte es sich noch bis in die 90er Jahre hinein, Expeditionen auszuschicken, die die von der Sonne gebleichten Schädel und Knochen einsammelten. Die traurigen Überreste der einst gewaltigen Herden wurden zu Knochenmehl und Phosphorpräparaten verarbeitet. Geht man davon aus, daß in den Jahren zwischen 1868 und 1881 über 2,5 Mill. Dollar für die aufgesammelten Büffelknochen gezahlt wurden, daß eine Tonne etwa 8 Dollar kostete und etwa 100 Kadaver für eine Tonne Knochen nötig waren, so sind in diesem Zeitraum über 31 Mill. Büffel vernichtet worden.

Die Ausrottung der Büffelherden, welche in erster Linie eine kriegerische Maßnahme gegen die freien Indianer darstellte, war so vollständig erfolgt, daß sich im Jahr 1889 auf dem gesamten Territorium der USA lediglich noch ein Restbestand von 551 Tieren befand.

Die Prärieindianer, deren Vorstellungsvermögen eine derart ungeheure Praktik nicht faßte, verstanden zunächst nicht, was die weißen Büffeljäger anrichteten.

Der Häuptling der Kiowa, Santanta, bemerkte: „Ist der weiße Mann ein Kind, da er unbekümmert tötet und nicht ißt? Wenn die roten Männer Wild erlegen, dann tun sie dies, um zu leben und nicht zu verhungern.“

Außer dem geplanten und mit Bedacht ausgeführten Mord an Millionen Büffeln nahm ein weiterer Faktor wesentlichen Einfluß auf die Unterjochung der noch in Freiheit lebenden Prärieindianer: die Goldfunde in den Black Hills.

Gold im Lande der Dakota

Zu Beginn der 70er Jahre verbreitete sich im Westen der USA das Gerücht, im Lande der Sioux gäbe es ertragreiche Goldlager. Das allein genügte, um Abenteurer und Goldsucher, unter ihnen viele Veteranen des Bürgerkrieges, unter Verletzung des Friedensvertrages von Laramie in das den Indianern „auf ewige Zeiten" zugesicherte Land eindringen zu lassen. Das vorrangige Ziel der Goldsucher waren die den meisten Präriestämmen als heilig geltenden Black Hills.

Da sich die Spekulationen immer mehr häuften und einflußreiche kapitalistische Kreise, die mit der Regierung eng liiert waren, ein reges Interesse sowohl an der Ausbeutung der Goldlagerstätten als auch an der Vertreibung der Indianer hatten, deren Land sie in ihre kapitalistische Wirtschaft einbeziehen wollten, beauftragten sie das Kriegsministerium mit der Überprüfung des Wahrheitsgehalts der Gerüchte. General Custer wurde von der Regierung mit der Durchführung einer Expedition in die Black Hills betraut.

Am 2. Juli 1874 brach Custer unter Verletzung des Friedensvertrages mit einer ausgesuchten Eliteeinheit, die aus 991 ausgezeichnet bewaffneten Soldaten sowie 117 Mitgliedern des „Wissenschaftlichen US-Corps" – unter ihnen Geologen, Ingenieure, Fotografen, Landvermesser, Prospektoren – bestand, ins Land der Dakota auf. Das anfangs geheimgehaltene Unternehmen wurde indes rasch bekannt, und viele Abenteurer, Goldsucher, Journalisten und Neugierige schlossen sich Custer an. Nachdem die Expedition die Black Hills erreicht hatte, begann man mit der systematischen Erkundung.

Am 3. August fanden die Prospektoren Rose und Mc Kay am French Creek das erste Gold. Weitere Funde folgten. Als General Custer mit seiner Truppe Ende August wieder am Ausgangspunkt der Ex-

Dieser Goldrausch war eine eiskalte strategische Planung von Wall-Street-Hochfinanz, „Northern Pacific Railroad Company", „Yellowstone Steamship Company", US-Land Office und US-Armee.

Der progressive BRD-Publizist Ch. S. Hagen in dem Buch „Der Goldrausch"

Die heiligen Berge der Sioux, die Black Hills (Ausschnitt)

Black Hills

Das im heutigen Bundesstaat Süd-Dakota gelegene Gebirge galt als heiligster Teil des Stammesterritoriums der Sioux, denn hier befand sich die „Höhle des Windes", aus der der Überlieferung nach einst der legendäre Wakan Tanka, der „Herr des Lebens", die Büffel in die Prärie getrieben hatte. Nicht nur die Sioux, die die Black Hills als Paha Sapa bezeichneten, sondern auch die meisten anderen Präriestämme sahen die Berge als ihr gemeinsames und unantastbares Heiligtum an. Sie waren der Mittelpunkt der Welt, der Wohnort der Götter. Um mit ihnen in Kontakt zu treten, suchten die Krieger diesen heiligen Ort auf. Die Black Hills befanden sich zudem inmitten der ergiebigsten Jagdgründe der Dakota.

pedition, dem Fort Lincoln, eintraf, brachte er die sensationelle Mitteilung mit, in den Black Hills liege Gold bis unter die Graswurzeln.
Diese Nachricht verbreitete sich wie ein Präriefeuer im ganzen Land, und es setzte eine wahre Invasion von Goldsuchern in die Black Hills ein. Die Prärieindianer bewahrten jedoch Besonnenheit und antworteten nicht mit einer größeren kriegerischen Aktion, die die Militärs nun erhofften, um sie ein für allemal zu unterjochen. Inzwischen war der Aufmarsch der Armee um die 1868 festgelegten Grenzen abgeschlossen, und die Regierung wartete nur auf einen Anlaß zum Losschlagen.

Hier wurde das erste Gold gefunden

Profite in Gefahr

Im Jahre 1869 war die erste Kontinental-Eisenbahnlinie der USA fertiggestellt worden. Die Regierung überließ den von Osten nach Westen bauenden Eisenbahngesellschaften, der Union Pacific und der ihr entgegenbauenden Central Pacific, beiderseits des Schienenstranges bis zu 50 Meilen Land. Die Aktionäre der Gesellschaften veräußerten bereits während des Baus Teile davon an Bodenspekulanten, die die Ländereien aufteilten und an Siedler und an Geschäftsleute weiterverkauften. Konzessionen wurden ebenfalls an Besitzer von Hotels, Vergnügungseinrichtungen, Sägewerken und Saloons vergeben. An den weitverzweigten Geschäften

Die Schienenstränge der Central Pacific und der Union Pacific treffen am 10. Mai 1869 in Utah aufeinander

Ein Dampfer der Yellowstone Steamship Company

Red Cloud und seine Begleiter 1870 in Washington

Die amerikanische Bevölkerung wurde mit Berichten über angebliche Massaker an weißen Siedlern gegen die indianische Bevölkerung aufgebracht

beteiligten sich auch die großen Banken der Wall Street, die dadurch Gewinne bis zu 30% erzielten. Wegen des hohen Profits entschloß man sich in jenen Kreisen zum Bau einer weiteren Eisenbahnlinie, die vom Nordosten der USA nach Oregon führen sollte.
So begannen die Landvermesser mit ihrer Arbeit, die sie in das den Indianern nur einige Monate zuvor versprochene Gebiet führte. Bereits Ende 1870 war der Bau der Northern Pacific beschlossene Sache, und die Regierung stellte der Eisenbahngesellschaft dazu Land zur Verfügung. Die Aktionäre von Dampfschiffahrtsgesellschaften erhielten ebenfalls Lizenzen, die ihnen die Benutzung des Yellowstone River zusicherten. Bei allen diesen profitversprechenden Unternehmungen gab es lediglich ein Hindernis, und das waren die Indianer.
Obgleich so gut wie jedem Amerikaner bekannt war, daß laut Vertrag von 1868 kein Weißer Indianerland ohne Erlaubnis betreten durfte, kauften Tausende Siedler von ihren Ersparnissen Land von den Eisenbahngesellschaften, erwarben Händler und Geschäftsleute Konzessionen und Lizenzen. Ein umfangreiches Straßennetz wurde geplant, man projektierte ganze Städte, die Missouri Steamship Company ließ acht große Liniendampfer für den Verkehr auf dem Yellowstone bauen, gründete die Tochtergesellschaft Yellowstone Steamship Company und schloß Verträge für den Bau von Häfen, Landeplätzen und Lagerhäusern ab.
Inzwischen riß der Strom der westwärts ziehenden Siedler nicht ab, bewegte sich unaufhaltsam an den Grenzen des Indianergebietes entlang. Grenzverletzungen und sich daraus ergebende bewaffnete Konflikte waren an der Tagesordnung, jedoch blieb die von einigen Militärs und Politikern schon lange erwartete große Widerstandsaktion der verbündeten Indianer weiterhin aus. Red Cloud, Spotted Tail und andere Häuptlinge verstanden es, dem sich abzeichnenden großen Konflikt mit diplomatischen Mitteln aus dem Wege zu gehen. Dazu nutzten sie unter anderem den Besuch in Washington im Sommer 1870, in dessen Verlauf die indianische Delegation einige wenige Verbündete oder wenigstens Sympathisanten für ihren gerechten Kampf gewinnen konnte. Red Clouds diplomatischer Erfolg in Washington kam den Vertretern der ameri-

kanischen Wirtschaft denkbar ungelegen; bedeutete doch jeder Tag Aufschub beim Eisenbahnbau Verluste für die Aktionäre, und mißtrauisch gewordene Landkäufer verlangten ihr Geld zurück.
Das sogenannte Indianerproblem war somit zu einem Kapitalproblem für die Gesellschaften und die Banken der Wall Street geworden, und sie übten verstärkten Druck auf die Politiker und auf die Presse aus. Der Kongreß gab schließlich nach und verabschiedete 1871 das Indian Appropriation Act. Dieses Gesetz hob die staatliche Anerkennung der indianischen Stämme als politische Einheit, also als vertragswürdige Partner, auf. Von nun an galten die Indianer als Schutzbefohlene oder Mündel der USA. Mit ihnen sollten in Zukunft nur noch Vereinbarungen getroffen werden, die nicht mehr den Stellenwert von Staatsverträgen besaßen. Eine neue Etappe in der Indianerpolitik der USA begann.
Gleichzeitig mit der Verabschiedung des Gesetzes setzte eine bis zur Hysterie geschürte chauvinistische Kampagne ein. Immer neue Gerüchte über angebliche Greueltaten der Indianer tauchten in den Zeitungen auf. Insbesondere die von den großen Banken beherrschte Presse des Westens forderte den „heiligen Krieg gegen die barbarischen Wilden".
Während die Prärieindianer unter Führung Red Clouds jedoch ihre kluge Politik fortsetzten und sich nicht beirren ließen, gestaltete sich die Situation für die US-amerikanische Wirtschaft zu Beginn des Jahres 1874 recht kritisch. Ein gewaltiger Bankkrach und der Ruin der Northern Pacific, der Yellowstone Steamship Company sowie unzähliger kleinerer Banken, Maklerfirmen und anderer Privatunternehmen zeichnete sich ab.
In dieser prekären Situation trafen sich unter strengster Geheimhaltung Bankiers, die Chefs der Eisenbahn- und Dampfschiffahrtsgesellschaften, Regierungsbeamte, Bodenspekulanten, einflußreiche Aktionäre und Vertreter der Armee in der Nähe der Stadt Bismarck zu einer Beratung. Das Gremium faßte nach langen Diskussionen den Entschluß, der Regierung die Entsendung einer Expedition unter Führung Custers in die Black Hills zu empfehlen.

> Die Indianer müssen zur Seite treten oder unter der Flut der Zivilisation begraben werden. Das Schicksal der Ureinwohner Amerikas ist ebenso unvermeidlich, wie es der Niedergang Roms war. Jeder Versuch, diesen unergründlichen Beschluß des Schöpfers, den Indianer verlöschen zu lassen, durch abgeschmackte Sentimentalität aufzuschieben, ist des Geistes unseres Zeitalters unwürdig.
>
> Die Zeitung „Cheyenne Daily Leader" am 3. 3. 1870 über das Verhältnis der Amerikaner zu den Indianern

Eine Entscheidung bahnt sich an

Die verbündeten Prärieindianer behielten ihre bisherige Taktik auch nach dem Eindringen Custers in ihre heiligen Berge und angesichts des immer größere Ausmaße annehmenden Büffelmordens bei, wenngleich viele junge Krieger energische Maßnahmen verlangten. Zwar ging der Einfluß Red Clouds und anderer an den Friedensverträgen maßgeblich beteiligter Häuptlinge zurück, jedoch vermochten sie noch, die entrüsteten Stammesangehörigen zu beruhigen. Red Cloud reiste erneut nach Washington, mußte

Zeitgenössische Darstellung einer Versammlung, in der Sitting Bull die versammelten Häuptlinge zum gemeinsamen Kampf aufruft

Sitting Bull, Häuptling und Medizinmann der Hunkpapa-Dakota

Der Ort Deadwood in den Black Hills

diesmal aber erfolglos zurückkehren. Das brachte ihm heftige Kritik ein. Red Cloud und Spotted Tail büßten immer rascher ihr Ansehen unter den Prärieindianern ein, besonders deshalb, weil sie nach wie vor an eine friedliche Lösung des Problems glaubten und der amerikanischen Regierung weitere Zugeständnisse machen wollten.

Zu den einflußreichsten Führern der verbündeten Indianer wurden nun der Häuptling Crazy Horse und der schon in jungen Jahren über die Grenzen seines Stammes hinaus bekannt gewordene Häuptling und Medizinmann der Hunkpapa-Dakota Sitting Bull. Innerhalb kürzester Zeit gelang es ihnen, die militärischen Formationen der Prärieindianer zu reorganisieren und für die entsprechende Ausrüstung mit Feuerwaffen und Munition zu sorgen, wenngleich der Bedarf zu keiner Zeit vollständig gedeckt werden konnte.

Andererseits bewahrten die führenden Häuptlinge auch jetzt die Übersicht und ließen sich zu keiner vorschnellen Reaktion auf das massenhafte Eindringen Weißer ins Indianerland hinreißen. Sie protestierten lediglich bei den örtlichen Führern der Armee, die inzwischen einen festen Kordon entlang der 1868 festgelegten Grenze gezogen hatte, gegen den Vertragsbruch. Die Armee unternahm allerdings nur sehr wenig, um die Weißen von der frontier fernzuhalten.

Ebensowenig versuchten die Militärs, die in Scharen in die Black Hills strömenden Goldsucher zu vertreiben. Schon bald gründeten die goldhungrigen Abenteurer die erste Stadt in den Black Hills, der sie den Namen des Mannes gaben, der ihnen den Weg zur Ausplünderung der für die Indianer heiligen Berge geebnet hatte: Custer City. Weitere Niederlassungen folgten, von denen Deadwood wegen seiner Ansammlung von Verbrechern und skrupellosen Abenteurern traurigen Ruhm erlangte. Nach einigen Jahren jedoch wurden diesen vergleichsweise harmlosen Räubern ihre Erwerbsquellen von viel größeren Räubern entrissen, nämlich von kapitalistischen Bergwerksgesellschaften wie der Homestake Mining Company.

Die an einer industriellen Ausbeutung der Goldlagerstätten interessierten Bergwerksgesellschaften hatten gleich nach der Expedition

Spotted Tail, Häuptling der Teton-Dakota

Custers im Jahr 1874 weitere Untersuchungen durchführen lassen, die sehr positiv ausgefallen waren. Daraufhin verstärkten sie den Druck auf die Regierung, deren Vertreter 1875 versuchten, Red Cloud zum Verkauf der Black Hills zu überreden. Der Häuptling lehnte entrüstet ab, was die Regierung jedoch nicht zur Aufgabe ihrer Pläne veranlaßte. Im September 1875 entsandte sie eine Kommission zu den Prärieindianern, um erneut über die Abtre-

Man kann sich kaum vorstellen, wie sehr die Grenzlandamerikaner die Indianer hassen und verachten. Natürlich verschärfen der ständige Kampf auf Leben und Tod, die Räubereien und Überfälle die gegenseitigen Beziehungen; aber wahr ist auch, daß die Weißen in den Grenzgebieten den Indianer überhaupt nicht als Menschen betrachten; ihn ausrotten, halten sie für ein Verdienst an der Menschheit. Hier im Grenzland ist man der Meinung, daß der Weiße den Indianer mit demselben Recht vernichten darf wie Klapperschlangen, Graubären und anderes schädliches Getier.

Der polnische Schriftsteller Henryk Sienkiewicz zum Verhältnis der Amerikaner zu den Indianern

tung der heiligen Berge zu verhandeln. Die Kommission bot den Dakota dafür die Summe von 6 Mill. Dollar.

Unterdessen lagerten mehr als 20000 Indianer unweit des Ortes der Verhandlungen und verfolgten aufmerksam deren Verlauf. Ihnen war bewußt, daß gemäß dem Vertrag von Laramie jegliche weitere Gebietsabtretung nur mit Zustimmung von drei Vierteln aller männlichen erwachsenen Indianer erfolgen konnte.

Während und nach den Verhandlungen kam es zu ernsten Auseinandersetzungen zwischen den führenden Häuptlingen. Einige von ihnen, die den Widerstand gegen die weißen Eindringlinge bereits aufgegeben hatten und in Reservationen oder in der Nähe von Agenturen lebten, wollten das Angebot der Kommission annehmen. So war Spotted Tail einer der eifrigsten Sprecher für den Verkauf der Black Hills. Crazy Horse – nicht nur ein kluger und mutiger Krieger, sondern auch ein brillanter Redner – vertrat die Ansicht der Mehrheit, als er erklärte: Spotted Tail „ist dick und fett geworden von der Nahrung der Weißen. Deshalb hat er kein Recht, für die Indianer zu sprechen. Er ist ein Verräter. Wir werden die Black Hills niemals verkaufen."

Red Cloud, der einer sich immer deutlicher abzeichnenden militärischen Konfrontation gern aus dem Wege gegangen wäre, gebrauchte schließlich eine List: Er erklärte sich bereit, die Black Hills für 600 Mill. Dollar zu verkaufen. Außerdem forderte er die vollständige Bekleidung der Dakota für sieben aufeinanderfolgende Generationen. Er wußte, daß die Kommission Vollmachten hatte, mit den Indianern eine Summe auszuhandeln, die lediglich einem Hundertstel der geforderten entsprach.

Da sich die anderen Häuptlinge in der Folgezeit Red Clouds Verhandlungstaktik anschlossen, mußten die Kommissionsmitglieder die Aussichtslosigkeit ihrer Bemühungen schließlich einsehen und in die Hauptstadt zurückkehren. Sie empfahlen dem Kongreß, den Raub des Indianerlandes mit anderen Mitteln vorzubereiten. Daraufhin wies die Regierung die Armee an, den Kordon von der Indianergrenze zurückzuziehen. Der hatte bisher für die Abenteurer und Siedler zwar nur symbolischen Charakter, nun aber hielt sie nichts mehr auf. In immer größeren Scharen drangen sie ins Land der Sioux ein und durchwühlten deren heilige Berge. In der für die Prärieindianer existenzbedrohenden Situation zeichneten sich insbesondere die Häuptlinge Sitting Bull und Crazy Horse durch eine erstaunliche Weitsicht aus. Sie verzichteten noch immer auf militärische Gegenmaßnahmen, um der Armee keinerlei Vorwand zum Eingreifen zu liefern, blieben aber nicht tatenlos. Die Indianer setzten vielmehr die Reorganisation ihrer bewaffneten Kräfte fort. Immer mehr Krieger aus den Reservationen stießen zu den Dakota.

Ein gewagtes Abenteuer

Damit die US-Armee die sichtbar erstarkten verbündeten Prärieindianer ein für allemal niederwerfen konnte, mußten die Indianer zum Losschlagen provoziert werden. Aber wie sollte das geschehen? Crazy Horse und Sitting Bull hatten ihre Häuptlinge und Krieger fest im Griff. So gern einige von ihnen mit den Landräubern und mit den ihr Heiligtum schändenden Abenteurern abgerechnet hätten, hielten sie sich doch an die Anweisungen der einflußreichen Häuptlinge. Diese gaben jedoch nicht einmal im Herbst 1875, als über 5000 Siedler in das Land am Powder River eindrangen, das Signal zum Widerstand. Die Herrschenden in Washington sannen deshalb auf eine List, die das Eingreifen der Armee ermöglichen sollte. Den Plan lieferte General Terry, einer der führenden Militärs im Westen. Auf seinen Befehl hin quittierte Major F. D. Pease den Dienst und gründete mit 30 sorgfältig ausgesuchten Männern am Ufer des Yellowstone River eine befestigte Station, um angeblich mit den Sioux friedlichen Handel zu treiben. Das von Anfang an unter strengster Geheimhaltung durchgeführte Unternehmen hatte das Ziel, die Indianer im Frühjahr 1876 zum

Indianerfrauen warten auf Nachricht von den zum Kampf ausgezogenen Kriegern

Der berüchtigte Indianerhasser General George Crook

Angriff zu provozieren. Jedem Teilnehmer wurde eine reiche Belohnung in Aussicht gestellt.
Die Indianer, die von den wirklichen Absichten des Ex-Majors und seiner Leute nichts ahnten, empfingen die Abenteurer mit wohlwollender Freundlichkeit. Sie hofften, über Handelsposten für den bevorstehenden Kampf Waffen, Munition und Vorräte zu erwerben. Der hinterhältige Plan aber führte wegen eines Zwischenfalls nicht zum gewünschten Erfolg. Einer der angeblichen Pelzhändler erschoß nämlich einen in friedlicher Absicht erschienenen Indianer. Darüber empört, umzingelten die Indianer den „Handelsposten" und töteten viele der Eingeschlossenen. Das ganze sorgfältig geplante Unternehmen scheiterte, bevor es den Zweck erfüllt hatte, denn die Provokation kam fünf Monate zu früh. Die Armee war zu diesem Zeitpunkt auf den beabsichtigten vernichtenden Schlag gegen die indianische Streitmacht noch nicht ausreichend vorbereitet. Somit mußte ein anderer Weg gefunden werden, um dem Militär einen Vorwand zum Eingreifen zu liefern.

Eine folgenschwere Anordnung

Am 9. Dezember 1875 wurden alle außerhalb der Reservationen lebenden Prärieindianer von der USA-Regierung aufgefordert, sich bis zum 31. Januar 1876 bei einer Agentur einzufinden. Den Indianern sollten dort Reservationen zugewiesen werden. Eine solche Anordnung kam einer offenen Kriegserklärung gleich, denn für den Fall, daß dem Ultimatum nicht Folge geleistet werden würde, wurde mit dem Einsatz der Armee gedroht.
Trotz des offenkundigen Bruchs des Friedensvertrages von Laramie machten sich einige Gruppen von Indianern auf den Weg zu den nächstgelegenen Agenturen. Viele Boten, die die Nachricht zu den Indianern bringen sollten, erreichten erst nach dem 31. Januar ihr Ziel, andere fanden die Gesuchten nie, denn der strenge Winter verhinderte oftmals die Übermittlung des „Befehls".
Mit Befriedigung konnten die zuständigen Regierungsstellen nach Ablauf des Ultimatums feststellen, daß es die überwiegende Mehrheit der Indianer nicht eingehalten hatte. Am 1. Februar 1876 bat daraufhin Innenminister Chandler den Kriegsminister Balknap um entsprechende Befehle für den Einsatz der Armee. In der Öffentlichkeit rechtfertigte der Minister sein Vorgehen mit der Behauptung, die Indianer wären den Anordnungen der Regierung nicht nachgekommen, sie wären aufsässig und hätten den Friedensvertrag von 1868 gebrochen. Anfang Februar beauftragte er den Befehlshaber der Missouri-Division, General Sheridan, mit militärischen Aktionen gegen die Allianz der Prärieindianer zu beginnen.
Sheridan befahl daraufhin am 8. Februar seinen unterstellten Generälen George Crook und Alfred Terry, Vorbereitungen für militärische Operationen im

Quellgebiet der Flüsse Powder, Tongue, Rosebud und Big Horn zu treffen. Wenig später begann die Armee die Indianer anzugreifen. Bereits am 17. März waren auf seiten der Indianer die ersten Toten zu beklagen. Ein Trupp Soldaten unter Führung von Oberst Joseph J. Reynolds hatte ein friedliches Lager angegriffen, unter den hier versammelten Angehörigen verschiedener Stämme ein Blutbad angerichtet, die Zelte in Brand gesteckt und die Pferde fortgetrieben. Der Cheyennekriefer Wooden Leg berichtete: „Alte Leute wankten und humpelten davon, um den Kugeln zu entgehen... Krieger ergriffen ihre Waffen und bemühten sich, den Angriff abzuschlagen. Unsere Wigwams wurden, mit allem, was sich darin befand, niedergebrannt ... Mir blieb nichts als die Kleider, die ich trug.“

Einigen überlebenden mutigen Kriegern gelang es jedoch, die Pferde zurückzuerobern und sich der Streitmacht von Crazy Horse anzuschließen.

Oberst Reynolds wurde wenig später vor ein Kriegsgericht gestellt und verurteilt, jedoch nicht wegen des Mordes an unschuldigen Frauen und Kindern, sondern weil er nach Ansicht seiner Vorgesetzten zu viele Indianer hatte entkommen lassen.

Das brutale Vorgehen der Armee veranlaßte zahlreiche bereits in Reservationen lebende Krieger, sich den Streitkräften von Sitting Bull und Crazy Horse anzuschließen, die sich auf die entscheidenden Kämpfe vorbereiteten. Die Mehrzahl dieser Krieger kam von den Agenturen Red Clouds und Spotted Tails, doch auch Angehörige von Stämmen, die bislang mit den Dakota nicht eben befreundet waren, stießen zu den Verteidigern der indianischen Unabhängigkeit. Deren Streitmacht war inzwischen auf mehr als 30000 Krieger angewachsen.

Mit dem Angriff Oberst Reynolds hatte der Feldzug der US-Armee gegen die letzte große Bastion der noch in Freiheit lebenden Prärieindianer begonnen.

Die Indianerschlacht am Little Big Horn

Der Plan für die großflächig angelegte Operation, in der die Prärieindianer – weitab der weißen Siedlungen – von verschiedenen Seiten aus angegriffen werden sollten, war von General Sheridan persönlich ausgearbeitet und durch das Kriegsministerium bestätigt worden. Vorgesehen war der Einsatz von Truppen aus allen Teilen des Landes. General Terry sollte von Norden her mit zwei Kolonnen entlang des Yellowstone River in südöstlicher Richtung marschieren, vom Süden her sollte General Crook angreifen. Am Fuße der Rocky Mountains stand das 4. Kavallerieregiment in Bereitschaft. Im Süden und Südosten waren drei Regimenter stationiert, um ein Ausbrechen der Indianer zu verhindern.

Als erster setzte sich General Gibbon mit fünf Regimentern, die eine der beiden Nordabteilungen Terrys bildeten, in Bewegung. Unter dem Befehl Terrys stand auch General Custer mit seinem 7. Kavallerieregiment. Custer hatte gehofft, das Oberkommando über die Nordabteilungen zu bekommen. Daß man nicht ihn dafür ausgewählt hatte, kränkte den eitlen und überheblichen Mann. Er war entschlossen, sich bei passender Gelegenheit von Terry abzusetzen und den Feldzug allein zu entscheiden.

General Crook, der am 29. Mai mit zwei Regimentern losmarschierte, sollte getrennt von Terry, aber im taktischen Zusammenwirken mit ihm, vorgehen. Am 17. Juni traf er auf ein Indianerlager am Rosebud River, wo etwa 1000 bis 1500 unter Führung von Crazy Horse stehende Krieger versammelt waren. Die Soldaten griffen das Lager an, wurden jedoch von den Kriegern zurückgeschlagen und erlitten hohe Verluste. Nur knapp entging Crook einer vernichtenden Niederlage. Er begann sofort mit dem Rückzug nach Süden. Crazy Horse zog nach diesem Sieg mit seinen Leuten zum Little Big Horn River, wo unter Führung von Sitting Bull ein großes Zeltlager von Angehörigen verschiedener Präriestämme errichtet worden war.

General John Gibbon

Zehn Tage vor der Schlacht am Rosebud River hatten Terry, Gibbon und Custer, von Norden kommend, die Mündung des Powder River erreicht. Auf dem Dampfer „Far West“ berieten sie und mußten feststellen, daß keiner von ihnen Indianer gesehen hatte. Die drei Militärs kamen überein, die Suche nach ihren Gegnern forciert fortzusetzen. Custer marschierte mit seinem 7. Kavallerieregiment erst zum Tongue, dann zum Yellowstone River, wo er abermals

Zeitgenössische Darstellung der Schlacht am Rosebud River

General George Armstrong Custer

Custer verabschiedet sich von der Abteilung Major Renos

mit Terry und Gibbon zusammentraf, um die nächsten Schritte abzustimmen. Während dieser Beratung erhielt Custer den Befehl, auf Umwegen ins Tal des Little Big Horn River zu marschieren. Terry und Gibbon, die mit ihren Infanterieeinheiten langsamer vorankamen, wollten ihn am 26. Juni an der Mündung des Flusses wiedertreffen. Sie hofften, dort eine größere Anzahl Indianer vorzufinden.

Das 7. Kavallerieregiment brach am Mittag des 22. Juni auf. Seine Späher entdeckten schon sehr bald Spuren, die auf die Nähe vieler Indianer hindeuteten. Custer wollte daraufhin in einem nächtlichen Gewaltmarsch den Little Big Horn River erreichen, um den dort vermuteten Gegner durch einen Überraschungsangriff überwältigen zu können. Am Morgen des 25. Juni erhielt Custer von seinen Kundschaftern die Meldung, im Tal des Little Big Horn befinde sich ein großes Indianerlager. Ohne auf Verstärkung zu warten, wie seine Befehle lauteten, beschloß er anzugreifen. Offensichtlich unterschätzte der ehemalige Held aus dem Bürgerkrieg die Kampfkraft der indianischen Krieger und war von den eigenen Kräften sowie seinen militärischen Fähigkeiten sehr überzeugt. Custer wollte allein den Ruhm ernten, der ihm bei einem positiven Ausgang des Kampfes zuteil werden würde und ihm eventuell sogar den Weg in das Weiße Haus ebnen könnte.

So teilte er sein Regiment in drei Abteilungen, die von Major Reno, Rittmeister Benteen, der den Troß sichern sollte, und ihm selbst geführt wurden. Als erster traf Major Reno auf den Gegner. Mit seiner Abteilung verfolgte er anscheinend ins Zeltlager fliehende indianische Reiter. Plötzlich jedoch formierten sich die Fliehenden und kreisten Reno am Rande eines Waldes ein. Wie Schlangen näherten sich die abgesessenen und immer zahlreicher werdenden Krieger den Soldaten,

Indianische Darstellung der Schlacht am Little Big Horn

die inzwischen Stellung bezogen hatten. Mit gezielten Schüssen lichteten sie deren Reihen. Um die sich deutlich abzeichnende Niederlage abzuwehren, befahl Reno hastig den Rückzug über den Fluß. Dabei wurden 29 Soldaten getötet. Selbst als sie am anderen Ufer angelangt waren, wären sie der indianischen Übermacht nicht entkommen, wenn nicht Rittmeister Benteen mit seiner Truppe auf die entmutigten und entkräfteten Soldaten gestoßen wäre und ihnen wieder Mut eingeflößt und neue Munitionsvorräte gebracht hätte. Gemeinsam begaben sich Benteen und Reno, die nun über etwa 300 Mann verfügten, auf die Suche nach Custer.

Am späten Nachmittag zwang ein erneuter heftiger Angriff die Offiziere und Soldaten dieser Abteilungen, im Sand eines Hügels Stellung zu beziehen. Als die Indianer bei Einbruch der Dunkelheit ihre Attacke beendeten, hatten viele Amerikaner ihr Eindringen ins Land der Dakota mit dem Leben bezahlen müssen.

Es waren nicht nur Krieger der Dakota und Cheyenne, sondern auch zahlreiche Angehörige anderer Präriestämme, die sich nun für die unzähligen Vertragsbrüche, die unmenschlichen Lebensbedingungen in den Reservationen, die an wehrlosen Frauen und Kindern begangenen Massaker und das millionenfache Abschlachten der Büffel rächten. Ihr Haß gegen die weißen Feinde verlieh ihnen Tapferkeit und Tollkühnheit. Davon konnten sich die in der Nacht zum 26. Juni immer noch auf besagtem Hügel verschanzten Kavalleristen überzeugen, als die indianischen Krieger im Morgengrauen ihren Angriff fortsetzten. Gegen Mittag trauten die Eingekreisten kaum ihren Augen, als sie bemerkten, daß das Zeltlager abgebrochen wurde und die Krieger mit ihren Familien und Zelten im Schutze eines Präriefeuers abzogen. Den Grund für den Abzug ihrer Gegner erfuhren sie allerdings erst am Morgen des 27. Juni. General

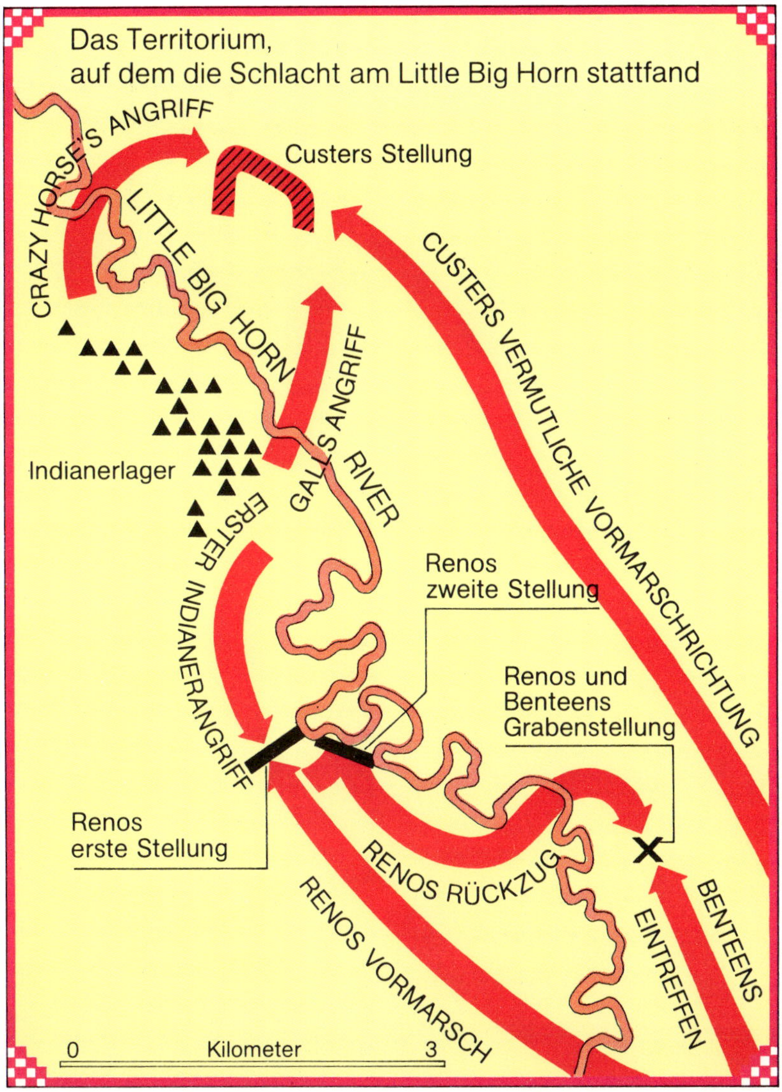

Die Indianerschlacht am Little Big Horn; Gemälde von E. Eber

Terry näherte sich nämlich mit seiner Kolonne, was die Häuptlinge der verbündeten Indianer zum Rückzug bewogen hatte. Dadurch waren die erschöpften und mutlosen Kavalleristen, die kaum noch über Pferde verfügten, aus der tödlichen Umklammerung befreit worden.
Was aber war mit der stärksten der drei Abteilungen des 7. Kavallerieregiments, die unter Führung Custers stand, geschehen? Von Terry erfuhren Reno, Benteen und ihre Leute die erschreckende Wahrheit: General Custer war mit allen seinen Offizieren und Soldaten gefallen. Über 200 entkleidete Leichen hatten Terrys Leute in der Nähe des Little Big Horn River gefunden. Außer einem Pferd hatte kein lebendes Wesen den Kampf auf seiten Custers überstanden.

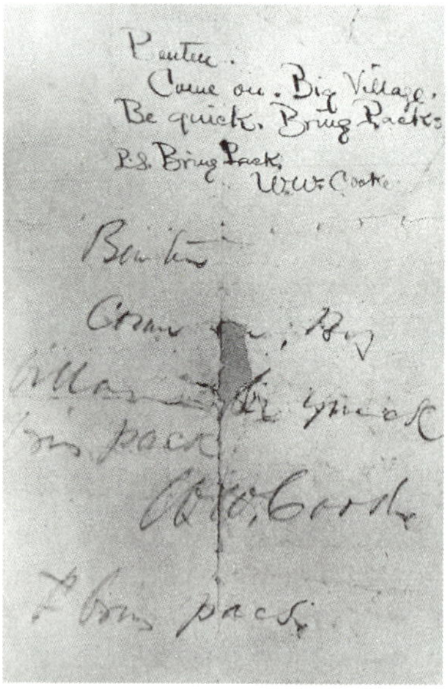
Benteen.
Come on. Big Village.
Be quick. Bring Packs.
P.S. Bring Pack.
W.W. Cooke

Custers letzte Botschaft mit dem Befehl um dringende Unterstützung

Dieses Pferd war, bis es starb, Gegenstand eines die USA-Armee heroisierenden Kultes.
Eine Rekonstruktion der Ereignisse ergab, daß Custer mit seiner Abteilung auf eine Anhöhe geritten war und von dort aus das Zeltlager der hier versammelten verbündeten Indianer erspäht hatte. In seiner Selbstüberschätzung hatte er sich an seinen Adjutanten gewandt und gesagt: „Jetzt haben wir sie! Wir können sie im Schlaf überfallen. Kommt vorwärts!“ Nach einem kurzen Galopp hatte er einen Trompeter zu Benteen beordert mit dem Befehl, ihm die Munitionsvorräte zuzuführen. Der Adjutant hatte den Befehl auf ein Blatt aus einem Notizbuch ge-

Wir feuerten auf die Soldaten. Viele wurden getötet. Aber auch von meinen Kriegern stürzten viele im Feuer der Soldaten. Ich trieb mein Pferd an und rief meinen Leuten zu, mit mir zu kommen: dies sei sonst der letzte Tag, an dem sie ihren Häuptling sähen. Abermals ritt ich gegen die Hügelkuppe vor. Die Cheyennes folgten mir mit gellendem Kriegsgeschrei und immerfort feuernd. Ich tötete einen verwundeten Soldaten und skalpierte ihn. Als ich mich aufrichtete, sah ich die Unsrigen mit den Soldaten im Handgemenge.
Nun ritt ich auf den Bergrücken und fand fast alle Soldaten getötet. Zuletzt sahen wir Custer und den Rest seiner Leute in einer Gruppe beieinander. Wir schossen sie zusammen und nahmen ihre Gewehre und Skalpe.

Aussage eines indianischen Häuptlings über die Teilnahme an der Schlacht am Little Big Horn

Ich war eigentlich kein guter Augenzeuge, denn ich war zu beschäftigt mit Kämpfen, als daß ich auf das, was um mich rum vorging, hätte aufpassen können. Ich lenkte mein Pferd genau dorthin, wo der meiste Staub aufgewirbelt wurde und wo es am heißesten herging, und rief: „Heute ist ein guter Tag zu sterben und ein guter Tag zu kämpfen." Doch diesmal war für die Blauröcke der Tag des Sterbens gekommen. Trotzdem hat mich einer von ihnen mit einer Kugel in den Arm getroffen. Die Kugel ging nicht durch, sie blieb im Arm stecken.

Der Dakota-Krieger Good Fox

Sitting Bull erhält die Meldung, daß Custer und seine Abteilung vernichtet sind

schrieben, und der Trompeter Martin war damit davongeritten. Über den weiteren Gang der Ereignisse war und ist man auf Vermutungen angewiesen, da niemand von Custers Leuten überlebte. Erst viele Jahre später berichteten einige indianische Schlachtenteilnehmer Einzelheiten über das Geschehen. Aus den verschiedensten Gründen waren ihre Aussagen jedoch unvollständig, ungenau und zum Teil widersprüchlich.
In den USA hoffte man, nach nunmehr über 100 Jahren durch eingehende systematische Untersuchungen des Schlachtfeldes neue Erkenntnisse über den Untergang des inzwischen heroisierten 7. Kavallerieregiments gewinnen zu können. Man will den Mythos um General Custer fortleben lassen, in der eindeutigen Absicht, das damals zum ersten Mal hart angeschlagene Image der USA-Streitkräfte zu wahren und aufzubessern.

Das Ende der indianischen Freiheit

Nach ihrem großartigen Sieg am Little Big Horn teilte sich die indianische Streitmacht in zwei Gruppen, um so den Nachstellungen der inzwischen weiter verstärkten Armee-Einheiten zu entgehen. Das Kriegsministerium bot nun alle zur Verfügung stehenden Reserven für die Unterjochung der Prärieindianer auf, denn man befürchtete, daß Custers Niederlage zu einem Fanal für die schon über kürzere oder längere Zeit in Reservationen lebende indianische Bevölkerung werden könnte. Das aber hätte zweifellos politische Konsequenzen für die republikanische Regierung unter U.S. Grant nach sich gezogen.
In der ersten Januarhälfte 1877 mußte sich eine der beiden indianischen Abteilungen, die unter Führung von Crazy Horse stand, der weit überlegenen Militärmacht der USA ergeben. Crazy Horse zog mit etwa 2000 Stammesangehörigen in eine Reservation und wurde noch im gleichen Jahr ermordet. Die andere Gruppe unter Sitting Bull floh nach Kanada, wo dieser sich den britischen Behörden ergab.
Nach der Unterwerfung und Vertreibung der Indianer drang eine neue Welle von Siedlern in die Prärie ein, und sie teilten das Land unter sich auf. Der Bau der Northern-Pacific-Eisenbahn konnte fortgesetzt und bis 1882 vollendet werden. Die Yellowstone Steamship Company erzielte den größten finanziellen Gewinn seit ihrer Gründung.
Nach der Beendigung der Westexpansion erlebte die Wirtschaft der USA einen ungeheuren Aufschwung. Die Industrialisierung und die Modernisierung der Pro-

Die Indianer sind nicht schuld an den Kämpfen. Die weißen Männer sind Füchse, und es kann mit ihnen keinen Frieden geben, das einzige, was die Indianer tun können, ist kämpfen.

Bull Bear, ein Kriegshäuptling der Cheyenne

duktion schritten voran, und erste Monopole bildeten sich heraus, die ihren politischen Einfluß schnell ausdehnten. Dabei spielten die im Westen reichlich vorhandenen Bodenschätze, die nun ungehindert ausgebeutet werden konnten, eine beträchtliche Rolle. Unübersehbare Getreidefelder und riesige Viehherden bedeckten alsbald das Land, auf dem die Indianer einst den riesigen Büffelherden hinterhergezogen waren.
Im Jahre 1881 kehrte Sitting Bull mit seinen Anhängern nach einer Amnestie in die USA zurück. Dort mußten sie, wie die übrige indianische Bevölkerung, in unfruchtbare Reservationen ziehen. Die dort herrschenden unmenschlichen Lebensbedingungen führten wiederholt zum Aufbegehren der Unterdrückten. Als ein Ausdruck des Widerstandes galt die Geistertanzbewegung, die zwischen 1890 und 1892 unter den Prärieindianern große Verbreitung fand. Sie glaubten daran, daß ihre Ahnen auferstehen würden, um die Büffelherden in die Prärie zurückzuführen. Die Weißen würden dann friedlich mit ihnen zusammenleben oder von ihnen vertrieben werden – so sahen die Geschlagenen und Entrechteten ihre Zukunft.
Doch die Regierenden in den Vereinigten Staaten, wo inzwischen der Kapitalismus immer mehr in das imperialistische Stadium überging, duldeten keinen sie an der Verwirklichung ihrer langfristigen und weitgesteckten Expansionspläne hindernden Unruheherd im eigenen Land. Da Sitting Bull als Anführer der Geistertanzbewegung angesehen wurde, sollte er am 15. Dezember 1890 verhaftet werden. Als er sich dem widersetzte, wurde auch er hinterrücks ermordet. Soldaten des 7. Kavallerieregiments metzelten 14 Tage später aus dem gleichen Grund am Fluß Wounded Knee annähernd 300 unbewaffnete, wehrlose Indianer nieder.

Eine indianische Zeichnung vom Mord an Crazy Horse

Die Prärie wurde an Farmer aufgeteilt

Geistertänzer